Rathjen · Im Textgelände

Friedhelm Rathjen

Im Textgelände

Acht Studien und Aufsätze zum Werk von Marianne Fritz

2023

rejoyce pocket
rjp 15

Bibliografische Information der Deutschen Bibliothek:

Die Deutsche Bibliothek verzeichnet diese Publikation in der Deutschen Nationalbibliografie; detaillierte bibliografische Daten sind im Internet über <www.dnb.de> abrufbar.

EDITION ReJOYCE Südwesthörn 2023
rejoyce@gmx.de
Satz, Titelfoto und Umschlaggestaltung: Friedhelm Rathjen
Herstellung: Books on Demand GmbH, Norderstedt
ISBN 978-3-947261-46-8

Inhalt

Die Festung der Marianne Fritz
Kurze Begehung eines Textgeländes

Aufgabe einer Festung ist es, diejenigen, die sich darin befinden, zu schützen, indem diejenigen, die nicht darin sind, ferngehalten werden. Sie erfüllt diese Aufgabe, indem sie erstens aus hartem, beständigem Material erbaut ist, zweitens eine innere Ordnung aufweist, die von außen nicht als solche zu erkennen ist, und drittens um sich herum ein offenes Terrain hat, damit diejenigen, die sich der Festung nähern, den Waffen der Festungsbesatzung preisgegeben sind. Wer sich einer Festung nähert, tut dies nicht nur auf eigene Gefahr, sondern auch schutzlos – nur diejenigen, denen es gelingt, in sie einzudringen, kommen in den Gebrauch ihrer Vorzüge.

Um die Textfestung der Marianne Fritz verhält es sich nicht anders. Es ist weder leicht noch ungefährlich, sich ihr zu nähern; vielfach wird davor gewarnt. Nach außen ist die Festung schroff, extrem abweisend, in vielen Augen vollkommen unzugänglich. Bevor wir die abweisenden Mauern nicht überwunden haben, wissen wir gar nicht, was darin ist und ob sich der Aufwand des Eindringens lohnt; erst wenn wir die Festung betreten haben, können wir versuchen, uns zu orientieren. Ob sich uns die inneren Ordnungen offenbaren, bleibt allerdings auch dann noch fraglich, so komplex sind sie angelegt. Und doch finden wir in dieser Festung einen einzigartigen Raum vor, wie es ihn sonst nirgendwo gibt, schon gar nicht in der Gegenwartsliteratur.

Marianne Fritz hat ihr Lebenswerk „Die Festung“ genannt, und wer auf dieses Lebenswerk schaut, kann die Analogien schwerlich übersehen. Von den Dimensionen dieser Festung werden wir schier erdrückt – *Die Schwerkraft der Verhältnisse*[1] (1978) heißt der erste Schritt hinein, eine Erzählung über eine Kindsmörderin namens Berta Schrei. Ihr Name und ihre Tat weisen auf das voraus, was uns die nächsten Fritz-Romane schon in den Titeln verheißen: Gewalt (*Das Kind der Gewalt und die Sterne der Romani*[2], 1980) und ohnmächtige Artikulation (*Dessen Sprache du nicht verstehst*[3], 1985). Teilschauplatz und Fokus aller Fritz-Werke bis hierhin ist die als „Festung“ bezeichnete Irrenanstalt von „Donaublau“ (einem ins Fiktionale überführten Wien) – aber im Fortgang der Bücher sind wir chronologisch in der Geschichte Österreichs zurückgewandert, bis wir ins Jahr 1914 kommen, an den Ursprung der Katastrophen eines Katastrophenjahrhunderts.

Und damit ändert sich – im ambitioniertesten Teilprojekt der „Festung“, dem dreiteilig angelegten Riesentext *Naturgemäß* – der Charakter des titelgebenden Bauwerks. Als Bauplan dient hier die Topographie der Festung Przemysl; erzählt werden simultan alle archäologischen Schichten der vielfach umgebauten, zerstörten und neuerrichteten Festung. Marianne Fritz bedient sich der unterschiedlichsten Textsorten: sie zitiert Heeresberichte und Dienstanweisungen, erfindet Märchen und Mythen, erzählt die Familiengeschichten jener Dörfer, die aus militärischen Gründen vom Erdboden getilgt wurden. Diese Festung ist „Versteinerte Seelenlandschaft“, und in dieser Landschaft montiert die Autorin ihre Erzählstränge nach komplizierten, schwer nachvoll-

---

1 Marianne Fritz, *Die Schwerkraft der Verhältnisse* (Frankfurt a.M.: S.Fischer 1978).

2 Marianne Fritz, *Das Kind der Gewalt und die Sterne der Romani*, Roman (Frankfurt a.M.: S.Fischer 1980).

3 Marianne Fritz, *Dessen Sprache du nicht verstehst*, Roman (Frankfurt a.M.: Suhrkamp 1985).

ziehbaren Baugesetzen durcheinander. Ziel des Verfahrens ist eine erzählerische Simultanität, die eine Neuvernetzung aller Bausteine ermöglicht. Dazu werden die Buchseiten geteilt, Einzelwörter und längere Satzeinheiten durch Bruchstriche zerlegt, unterschiedliche Schrifttypen benutzt; graphische Elemente, eingefügte Strukturschemata, in den Text gezeichnete Wirbel und Treppen zertrümmern den Textfluß und organisieren gleichzeitig neue Zusammenhänge.

„Im Grunde", so beschrieb Marianne Fritz das Verfahren anläßlich des Erscheinens von *Naturgemäß I*[4] (1996), „wird das Kollektivgeschehen namens Krieg vollkommen in die Sprache hinein verrückt, auf eine Weise, daß der Lesende seine Unschuld wieder bekommen kann, er ‚erfährt' den literarisch aufgehobenen Krieg als das ganz andere". *Naturgemäß* ist der literarische Versuch, den Unterwerfungsprozeß, der die Individualgeschichte unter der Dampfwalze namens Krieg verschwinden läßt, in Sprache abzubilden – aber gleichzeitig diese verschüttete Individualgeschichte zumindest bruchstückhaft immer wieder einzubinden in die Walze. Dazu steigen wir tief in alle Untergründe des Daseins hinab.

Eine riesige Fülle von Geschichten, deren Textformen von Spitzelberichten bis zu Liedern und Legenden reichen, sind verwoben in die „Gedächtnislandschaft", das „Gedächtnisgelände" (jede Großseite ihres Buches nennt die Autorin ein „Textgelände"). In *Naturgemäß I* geschieht dies mit Hilfe eines an Gesteinsschichten und Plattentektonik orientierten Gefügeprinzips, das die verschiedenen historischen Erlebnisebenen übereinander schichtet (und durch vertikale Stollen oder Treppen immer wieder verbindet); in *Naturgemäß II*[5] (1998) treten

---

4 Marianne Fritz, *Naturgemäß I* (Frankfurt a.M.: Suhrkamp 1996).

5 Marianne Fritz, *Naturgemäß II* (Frankfurt a.M.: Suhrkamp 1998).

zunehmend Gewässer hinzu, auf deren Grund man hinabsinken oder -tauchen kann: „Alles ist im Fluß“, und es herrscht „die Triebkraft Wasser“. Die Schlußlieferung *Naturgemäß III*, an der Marianne Fritz bis zuletzt gearbeitet hat, fügt dem gewiß noch neue Aspekte hinzu; zu hoffen bleibt, daß diese Schlußlieferung (und sei es in fragmentarischer Form) bald der gar nicht so kleinen Schar von Fritz-Lesern gedruckt zugänglich gemacht wird.[6]

---

6 Das 661 Seiten umfassende Textfragment von *Naturgemäß III* ist seit dem 14. Dezember 2011 im Internet unter <www.mariannefritz.at> verfügbar.

Dessen Sprache du nicht verstehst
Erster Lektürebericht zu Marianne Fritz

> Seele, was, wer bist du? Wie bist du: ein zusammengeballter Knäuel von Vorgängen, entwirren Erscheinungen, klären die: den Erscheinungen, zugrunde, liegenden Tatsachen, geklärtsein, einsichtig gemacht werden? Sollen nicht immer einfache Zu-sammenhänge nicht gemacht werden: einsichtig, javerheerend, begannen ihm selbst entgleiten die Worte, verselbständigten sich schon die Worte innerhalb eines Satz-Gefüges, konnte er fortlaufend etwas im Kopf suchen und gleichzeitig untersuchen javerheerend, das ging sich noch nie aus. Er hatte doch etwas gemeint, ohne besondere Schwierigkeiten, was hatte er nur gemeint; aja.
>
> Ein zusammengeballter Knäuel von Vorgängen.
>
> Das entwirren Erscheinungen, klären die den Erscheinungen zugrunde liegenden Tatsachen, geklärtsein, einsichtig gemacht werden, sollen nicht immer einfache Zusammenhänge, nicht gemacht werden: einsichtig, das hatte Johannes gemeint und selbstverständlich nichts anderes; genau das. Und es war eine rhetorische Frage, die Johannes sich selbst gestellt, natürlich.[1]

Dessen Sprache du nicht verstehst: ist es der, der so zur Sprache gebracht wird? Die Verständnis- und Verständigungsschwierigkeiten sind offenkundig, und die Fragen,

---

[1] Marianne Fritz, *Dessen Sprache du nicht verstehst*, Roman (3 Bände, Frankfurt a.M.: Suhrkamp 1985), S. 134 f.

die man sich stellen mag, sind nicht nur rhetorischer Natur.

> Hintennach mußte er ihr erklären, wie das möglich gewesen sein könnte, was hatte sie nicht laufen lassen? Es stimmte sie untröstlich. Viele gemeinsam bewältigte Erlebnisse waren eingeschrieben unauslöschbar nicht nur in seiner Seele. Wenn in ihr Furcht war oder Angst, dann sang sie beides fort. Und hatten verlassen diese Lichtung, gingen gemeinsam; weiter; durch den Wald, bei der Verrückten verließen sie ihn nicht, denn die Nirgendwoer Lichtfrau wünschte etwas weiter westlich, zurückzukehren nach Nirgendwo, höhere Begründung als daß sie es so wünschte, wurde ihm nicht mitgeteilt; ihr Zeigefinger; deutete und also blieben sie noch länger in dem Wald, später wanderten sie entlang am Waldesrand; die Schluckenauer, sah er nur mehr, aus der Entfernung. Eigentlich wollte er der Verrückten einen Kurz-Besuch abstatten, sie betreten, hier hatten sie sich auch einmal; zufällig; zur gleichen Zeit eingefunden, der Gottesmann Nirgendwos und der Fabrikler Johannes Null: Einige Umstände zwangen sie dann, umzudisponieren.[2]

Stellen wir nach diesen Kostproben aus einer ungewöhnlichen Prosa zunächst nur die einfachsten Fragen: Darf heute der Protagonist eines ernsthaft gemeinten Romans Johannes Null heißen und in der Marktgemeinde Nirgendwo am Nullweg wohnen? Darf eine andere Figur Abel Niemand, ein zweiter Ort Irgendwo und ein dritter einfach Wo heißen? Natürlich nicht, meinen die eingespielten Konventionen der Literaturkritik. Doch, meint Marianne Fritz, und in ihrem gut 3300 Seiten starken

---

[2] Ebd., S. 402.

Roman *Dessen Sprache du nicht verstehst* führt sie vor, wie es geht. Alles ist Sprache bei Marianne Fritz, und deshalb dürfen bei ihr auch die Namen sprechen. Und nicht nur Namen, sondern ebenso Gegenstände, Pflanzen, Tiere; der Mond spricht mit der Erde, die Nacht mit ihren Kindern, und selbst das Schweigen ist beredt.

Aber nicht mit einem Märchen haben wir es hier zu tun, sondern mit einer historisch verbürgten Situation, die nur zu weltlich ist. Die Zeit: „Im Vierzehner Jahr, als gekommen die Zeit fürs große Sterben"[3]. Der ärarische Adler führt Krieg gegen die Völker im Osten, Süden und Westen, und die Devise lautet: „brennt, sengt, niederrennt"[4]. Johannes Null aber macht nicht mit, er entzieht sich dem „staatlich organisierten Massenmord"[5] durch die Flucht aus der Kaserne, und fortan ist er der Vogelfreie. Zurückgekehrt nach Nirgendwo, verbirgt er sich beim Pfarrer Pepi Fröschl; ihn hat der Menschensohn Johannes sich zum Judas auserkoren: „Hochwürden, ich bin der verlorene Sohn, der in sein Vaterhaus zurückgekehrt ist: Es ist ein großes Vaterhaus, kennt keine vaterländischen Grenzen, ist überall dort, wo Proletarier sind."[6]

Auf die Masse der 3300 Seiten berechnet, nehmen die Szenen von der Flucht und dem Verbergen des Johannes aber nur verhältnismäßig wenig Raum ein. Eingebettet darin sind vielfältige und ausufernde Rückblenden. Sie wurzeln in den Träumen und Erinnerungen Fröschls und des Vogelfreien, entwickeln aber zusehends ein Eigenleben. Ohne viel Aufhebens und wie selbstverständlich hat Marianne Fritz hier das Erinnerungskonzept von

---

3 Ebd., S. 12.
4 Ebd., S. 459.
5 Ebd., S. 3067.
6 Ebd., S. 551.

Marcel Proust verarbeitet – allerdings gewissermaßen mit umgekehrten Vorzeichen.

Marcel Proust stellt das Wirken der unwillkürlichen Erinnerung, die Chronologie und Kontinuität zerbrechen läßt, als höchste Gnade der Menschenexistenz dar. Bei Marianne Fritz hingegen gerät dieses Wirken plötzlicher Erinnerungsschübe zum psychischen Trauma. Sie entwirft ein multiperspektivisches Kaleidoskop aus alpdruckartigen Rückschauen und auch Antizipationen.

Einen verwandten Ansatz hat schon Aldous Huxley in seinem Roman *Geblendet in Gaza* umzusetzen versucht, einem Roman, der ebenfalls an Proust geschult ist und in dem wie bei Marianne Fritz die unwillkürliche Erinnerung von der Gnade in ein Trauma umschlägt. In der Verschränkung der Zeit- und Bewußtseinsebenen erreicht *Dessen Sprache du nicht versteht* allerdings eine unvergleichlich höhere Komplexität als Huxleys Ideenroman.

Erzählt wird in den Rückblenden von Pepi Fröschls Erlebnissen im Institut zu Dreieichen, einem Internat für zukünftige Priester. Erzählt wird weiterhin von den Insassen der Donaublauer Irrenanstalt, unter ihnen der ehemalige Zoowärter Romeo, der zum Kind der Nacht wird. Erzählt wird von August Null, der kein nackter Mörder werden wollte und doch als Amokschütze in der „Festung" (so heißt die Irrenanstalt) endet; hier gibt er seine Geschichte Romeo mit auf den Weg. Schon bald zeigt sich dem Leser auf sehr plastische Weise das, was eine Nebenfigur des Romans erkennt: „daß das sogenannte Plötzliche, und Unerwartete meistens gehabt eine lange Entstehungsgeschichte und Entwicklungsgeschichte und daß es seine Aufgabe sei, dies: zu lernen, lesen lernen."[7] Lesen lernen kann nicht zuletzt der Leser des

[7] Ebd., S. 1900.

Romans, wenn er offen ist für die Gesetze, die darin herrschen.

Was auf den ersten Blick wie ein riesiges Durcheinander von Stoffen und Motiven scheinen mag, ist es natürlich nicht. Es gibt zahllose Verbindungen zwischen den Schauplätzen und Figuren, offene Beziehungen ebenso wie versteckte Korrespondenzen. Dazu nur ein Beispiel: Romeos, des ehemaligen Zoowärters, Liebe gilt einem Gorillaweibchen, und deshalb kann er als Gegenpart zu Pepi Fröschl gesehen werden: Fröschl spielte einst in einer Amateuraufführung die Julia, und jetzt lebt er mit dem „Affen Gottes“ zusammen, der allerdings nur ihm selber wahrnehmbar ist.

Je mehr aber der Leser nach einem alles integrierenden Kulminationspunkt des Geschehens Ausschau hält, nach einem Fokus, der alle Erzählstränge vereinigt, desto augenscheinlicher offenbart sich die Disparatheit der Einzelheiten, und das hat durchaus Methode. Die Erfahrung des Lesers ähnelt jenem Schloß, das an einer Textstelle beschrieben und mit zwei widerstreitenden Wahrheiten versehen wird: „Wahr ist beides. Wer das Schloß genauer kannte, wußte, es war ein Labyrinth und wer es weniger genau kannte, wähnte es übersichtlich, geordnet. Fühlte sich wohl.“

Marianne Fritz gestattet dem Leser nicht, sich wohlzufühlen. Er wird tief in das Geschehen hineingezogen, so tief, daß er im Ernst nicht mehr glauben kann, die Welt im Griff zu haben – und sei es auch nur die Welt dieser Fiktion. Die Flut der Fritzschen Epopöe tritt über die Ufer des epischen Flusses; sie schwemmt die Illusion des sinnstiftenden Zusammenhangs hinweg und mit ihr das, was Robert Musil in seinem *Mann ohne Eigenschaften* das „Prinzip der erzählenden Ordnung“ genannt hat. Musil selbst brach dieses Prinzip in seinem Roman auf, und Marianne Fritz tut es ihm auf ebenso umfassende

Weise nach: „Nix ist übersichtlich; das brauchst dir erst gar nicht künstlich einzubilden.“[8]

Der Vergleich mit Musils großem Roman drängt sich aus vielerlei Gründen auf. Da ist zunächst die Verwandtschaft der Schauplätze: das verharmlosende „Land des Chen und Lein“, in dem *Dessen Sprache du nicht verstehst* angesiedelt ist, ist eine Chiffre für die zerfallende Donaumonarchie, und eine Chiffre dafür war auch Musils Land namens Kakanien. Markanter noch ist eine andere Gemeinsamkeit, nämlich eine spezifische Form der Textorganisation: beide Romane bestehen aus einer Unzahl von Kleinkapiteln, die primär nicht nach bestimmten Handlungs- oder Ereigniszusammenhängen strukturiert sind, sondern nach semantischen Zentren.

Die Sprache beider Romane ist nicht diskursiv zu lesen, sondern sie vollzieht sich über Analogien, ist gleichnishaft und im Grunde nonverbal. Das gilt für Marianne Fritz noch mehr als für Musil: zwar ist bei ihr alles Sprache, aber nicht jene entkörperlichte Sprache, die nur abstrakte Inhalte mitteilt; vielmehr wird alles zu Körpersprache, zu gestischem, handelndem Tun, das auf den Seiten des Romans nachgebildet wird.

Als Kern der Verwandtschaft zwischen Robert Musil und Marianne Fritz aber ist da schließlich das, was bei Musil „Möglichkeitssinn“ heißt.[9] Musils Titelheld Ulrich, der Mann auf der Flucht vor Eigenschaften, sucht die Gegenwirklichkeit eines „hypothetischen Lebens“ im „Anderen Zustand“, nämlich in der Liebe zu seiner

---

8 Ebd., S. 2449.

9 Vgl. dazu im Detail Friedhelm Rathjen, „Auch dies war wahr“. Zur Radikalisierung des Musilschen Möglichkeitssinns in *Dessen Sprache du nicht verstehst*, in *Nullgeschichte, die trotzdem war. Neues Wiener Symposium über Marianne Fritz*, hg. v. Klaus Kastberger (Wien: Sonderzahl 1995), S. 40-54. Nachgedruckt im vorliegenden Band, S. 33-54.

Schwester Agate, und auf durchaus vergleichbare Weise dringen auch die Figuren von *Dessen Sprache du nicht verstehst* in neue Seinszustände vor. Das gilt vor allem für die (scheiternde) erotische Ekstase, in der sich Hochwürden Fröschl und der Vogelfreie kurzzeitig finden. „Vogelfreier; das ist ein Zustand, weiter nichts“[10]. Aber auch der Gestus des Erzählens wird vom Möglichkeitssinn ergriffen und um ein zusätzliches, ein neues Potential an Wirklichkeit bereichert.

Nach dem Gesetz (oder genauer: der Anarchie) dieser Prosa ist der Traum als Traum genauso real, wie es die Erinnerung als Erinnerung ist, und auch die Möglichkeit ist als Möglichkeit eine Tatsache. Alle Seinszustände stehen deswegen gleichberechtigt nebeneinander, und das heißt gleichzeitig, daß es verfehlt wäre, irgend etwas festlegen zu wollen: „halb-schlaf-ich, halb-wach-ich, halb-träum-ich-allessamt, halb-bin-ich, halb-träum-ich-mich, ich-könnte-sein.“[11]

Marianne Fritz arbeitet gegen Prinzipien, gegen Schablonen, gegen Konventionen. Sie zieht die Metamorphose vor und auch die ironische Inkonsequenz, die bei ihr eine wohlkalkulierte ist. Man sollte einmal bewußt darauf achten bei der Lektüre: immer dann, wenn die Prosa dieses Buches sich auf irgendein Gesetz festzulegen scheint, sei es ein Stilprinzip oder auch nur eine kleine Eigenart der Interpunktion, so zieht sie bei der nächsten Gelegenheit den Kopf aus der Schlinge und macht es gerade anders. Das ist beileibe keine Gedankenlosigkeit, wie man leicht meinen könnte, sondern der Versuch, sich Möglichkeiten der Nuancierung offenzuhalten und eine nichtnormierte Prosa zu schreiben: gewissermaßen einen Roman ohne Eigenschaften. Und dieser Versuch gelingt,

---

10 Fritz, *Dessen Sprache du nicht verstehst*, a.a.O., S. 449.
11 Ebd., S. 1614.

weil Marianne Fritz ihren Text bei all seiner Masse immer im Griff hat.

Im Gegensatz zum städtisch-bürgerlichen *Mann ohne Eigenschaften* Musils unterliegt der Welt von *Dessen Sprache du nicht verstehst* eine Perspektive, die in jeder Hinsicht ländlich-proletarisch ist. Der Roman bietet die Untersicht der Gesellschaft, bietet einen Blick auf das, was er benennt als „Untergrund, Geschichte, die niemand interessierte, niemand bewegte“[12]. Die Prosa von *Dessen Sprache du nicht verstehst* ist davon bewegt, und dem trägt auf bemerkenswerte Weise die Fritzsche Sprache Rechnung.

Marianne Fritz bricht radikal mit den Regeln von Grammatik und Zeichensetzung; sie läßt Pronomina und Hilfsverben fort, verändert die Wortstellung, sprengt selbst einfachste Aussagesätze durch eingefügte Kommata und Semikola. Herausgekommen ist eine Sprache, die zunächst eher einen hölzernen, hausbackenen und gewollt verschrobenen Eindruck macht; auf die Dauer erweist sie sich aber als erstaunlich tragfähig und gegen alle Bedenken sogar als sehr beweglich.

Eine Vorstufe dazu hat Marianne Fritz bereits in ihrem zweiten Roman *Das Kind der Gewalt und die Sterne der Romani* geboten, und wer vor dem radikaleren großen Werk zurückschrickt, mag sich in dem älteren und etwas weniger umfänglichen ein wenig einlesen. Nötig freilich ist das nicht, und ein Leser, der beherzt zu Werke geht, wird schon bald keine Schwierigkeiten mehr haben mit Passagen wie dieser:

> Nirgendwo gehabt einen Zahnarzt nur und Dr. Morpheus bekannt gewesen, auch, in den umliegenden Dörfern ihn gekannt jene Menschen, die sich leisten

---

[12] Ebd., S. 2968.

> konnten einen Zahnarzt, als eher jene Behandlungsmethoden beherrschend, die wachriefen die irrwitzige vorübergehend aber sehr wirksame Hoffnung, man könnte auf hinausschiebende Weise das Problem erledigen, indem es sich von selbst erledigte und das zwar meistens gewesen: anders, sich das Zahnproblem nicht von selbst erledigte und aber immer wieder, der Nirgendwoer Zahnarzt geradezu angeregt zu diesem Trug-Schluß.
>
> Gusti sich; sofort gesagt; der auch hinausgeschoben seine Zahn-Geschichte, so lange, bis sie vermurkst war und wenn der, einhielt, seinen Termin. Dann er eben sich sagen mußte, ausgelernt, man nie und er sowieso nicht.
>
> Wie er den Weg gefunden in die Kirche; rückblickend; es sich der Freidenker von Nirgendwo nicht verschweigen durfte, er es nicht gewußt. Jetzt war-er-da; hierher er gefunden mit traumwandlerischer Sicherheit und ihn gesehen, niemand. Das stand das doch – eine Tatsache![13]

Diese Sprachgebung verlangsamt naturgemäß die Lektüre; sie zwingt zu präziserem und damit intensiverem Lesen. Dies ist als Legitimation einer solchen Sprache allerdings, wenn auch vielleicht ehrenwert, nicht genug; man griffe freilich auch zu kurz, wolle man darin den eigentlichen Grund für die sprachliche Sperrigkeit sehen. Nein, die Sprechweise der Fritzschen Prosa entspringt nicht der Willkür eines rezeptionsästhetischen Kalküls, sondern einer inneren Notwendigkeit. Marianne Fritz gestaltet die Perspektive der unter die Räder Gekommenen, der Sprachlosen, und darum muß ihre Sprache auch jene derer sein, die keine Sprache haben.

---

[13] Ebd., S. 1798.

> Sie sind der Meinung die Erfindung muß sprechen die Sprache des Erfinders. So etwas ist: nicht richtig, vielmehr muß der Erfinder finden die Sprache desjenigen, den er zu erfinden trachtet. ER-finden, Sie verstehen nicht.[14]

Wer die Sprache der Sprachlosen erfindet, findet auch deren verschüttete Geschichte wieder, eine Geschichte, die aus dem besteht, was in der Sprache formularmäßiger Lebensläufe stets ausgespart bleibt. Marianne Fritz hat über ihren Roman gesagt:

> Vielleicht befasse ich mich mit dem, was gewisse Formulare, Dokumente, karteimäßig erfaßte Lebensläufe ausgrenzen, ausblenden, weglassen, nicht in sich aufnehmen; vielleicht bewegen mich die ‚Leerstellen', das ‚Nichtfestgehaltene', das ‚Weggestrichene', das ‚unerwähnt Gebliebene', das ‚Nichtrelevante', das ‚Überflüssige', das ‚Überzählige', die Tatsache, daß vieles, was ‚Information' ist, gelebt wird, vielleicht bin ich mehr zuständig für das, was in Informationen gespeichert ist, nämlich: Erlebnisse? Schicksale? Leiden? Qualen? Pein, Irrtümer, die BEZAHLT werden, erlitten werden; wahrscheinlich, denkbar ist es gewiß, ‚mache' ich gewisse ‚Lebensläufe' wieder zum Erlebnis?[15]

Wenn Marianne Fritz der Sprache der Sprachlosen nachspürt, so führt dies zunächst zum Aufgreifen naturalistischer Dialekte und Soziolekte, aber so hoch der Anteil solcher Sondersprachen an der Prosa von *Dessen*

---

[14] Ebd., S. 1375.

[15] Marianne Fritz, „Aus Briefen der Autorin an den Lektor", in dies., *„Was soll man da machen." Eine Einführung zu dem Roman ‚Dessen Sprache du nicht verstehst'* (Frankfurt a.M.: Suhrkamp 1985), S. 7-9, hier S. 7.

Sprache du nicht verstehst auch sein mag: sie sind letzten Endes doch nur von zweitrangiger Bedeutung. Wichtiger ist der Versuch, alle nichtverbalisierten Zeichenvorräte und Wahrnehmungsbereiche in Worte zu fassen. Wir finden in dem Roman vielerlei Körpersprachen und die Sprachen der Liebe, aber auch die Sprache der Pappeln und die Sprache des Schlehdorns, die Sprache des Windes wie jene der Nacht: „Allnacht, nachtnächtlich ihr Alltag." Schließlich erscheinen die Sprachen der Macht, der Gewalt und des Todes. Die „letzte Sprache" ist die des Krieges, in der sich am Schluß des Romans auch das Rätsel des Titels aufzulösen scheint: „Dessen Sprache du nicht verstehst, und das weder den Greis achtet noch der Kinder schont."[16]

Freilich bleibt jede Sprache unverstanden und ist per se eine jede Sprache auch unverstehbar in diesem Roman, der alle vermeintliche Eindeutigkeit des Sprechens entlarvt als die Reduktion der Phänomene auf eine scheinbare Ordnung. Eindeutig sein kann allenfalls das abstrahierende Sprechen, das ein körperloses Sprechen ist; die Sprache jenes fleischgewordenen Wortkunstwerks aber, mit dem wir es hier zu tun haben, ist Körpersprache: „schlage mir die Worte nicht tot, indem du sie verwendest NUR als Worte"[17]. Dies ist ein beunruhigende Sprache wie jene zutiefst beunruhigende „Sprache des eigenen Fleisches"[18], mit der Pepi Fröschl ringt.

Marianne Fritz ist keine brillante Stilistin oder will es doch jedenfalls nicht sein; sie mißtraut der glatten Sprache, denn die ist eine „Rutschbahn fort von sämtlichen weniger gewünschten Informationen"[19]. Marianne Fritz

---

[16] Fritz, *Dessen Sprache du nicht verstehst*, a.a.O., S. 3302.
[17] Ebd., S. 2778.
[18] Ebd., S. 2994.
[19] Ebd., S. 3073.

geht es gerade um jene Informationen, die nach gewissen gesellschaftlichen Übereinkünften *nicht* gewünscht sind und deswegen üblicherweise überspielt werden; in einem Brief an ihren Lektor beschrieb sie diese Verdrängungsmechanismen so:

> Wirklichkeiten werden durch das engmaschige Netz aus Übereinkünften „regelrecht" Verkleidungen angetan, sie werden „förmlich" angezogen, umgekleidet, unkenntlich, verzerrt, es wird schwerer, oft fast unmöglich, oft auch nur verzögert, an sie heranzukommen: glatte Sätze, blendend wie Brillanten, gläserne Berge wie Menschen aus Glas, glatte, spiegelartige, angeblich dem Himmel näher wachsende Fastwolkenkratzer, keine Brüche, keine Risse, weithin nur spiegelnde Glätte.[20]

Die nicht geglättete Sprache, die stumpfe Sprache der Stummen, die Marianne Fritz erkundet, mag am Ende wirkungslos sein, aber in der Prosa von *Dessen Sprache du nicht verstehst* kristallisiert sich diese beunruhigende und nicht gewünschte Sprache doch zumindest zu einem genuinen Appell, einem Appell gegen die schleichende Unterdrückung seitens der standardisierten Sprache: „Wie weit ist der Weg vom Schlagwort zum Schlagring und von dort zu den Kanonen?"[21] Es geht also nicht um Schlagwort-Sprache, um eine Sprache, die kurz und verständlich ist, weil sie alles, was sich nicht einpaßt, weggebügelt hat. Es geht um die unverständlich, die unverstandene Sprache.

Unverstandene Sprache: das ist nicht nur ganz allgemein die Unfaßbarkeit des Ichs und des Gegenübers, und das ist auch nicht nur das unablässige Verständnis- und

---

[20] Fritz, „Aus Briefen der Autorin an den Lektor", a.a.O., S. 7.
[21] Fritz, *Dessen Sprache du nicht verstehst*, a.a.O., S. 1249.

Verständigungsproblem im „Vielvölker-Gemisch“[22] Kakaniens; jenseits all dessen und zu allerletzt ist die unverstandene Sprache der immer illusorische Traum von Freiheit:

> wer summt durch die Disteldolden, blaßrote Disteldolde, *wessen Stimme* hörte ich? Bienenschwärme unterwegs, sie summen, meine Bienchen und Zieseln im Dickicht und die Hasen, allessamt unterwegs: Sehnsucht, sie brennt, in der Glut der Mittagssonne, bis zum Abend ist die Glut das Feuer, das brennt hinauf. Und hinein in den Himmel weint, die Sehnsucht. Trotzdem! Es ist ein gutes Land.[23]

Sei es auch ein „gutes Land“: zuviel Leiden geht dem „Trotzdem“ voraus, und Marianne Fritz huldigt durchaus keinem naiven Romantizismus. Sicherlich gibt es romantische Tendenzen in der Prosa ihres Romans, doch bei genauerem Hinsehen entpuppen sie sich als Scheinromantisierungen, wie auch bestimmte Bewußtseinsschichten des Textes immer wieder zu Scheinmythisierungen ansetzen. Marianne Fritz führt uns nicht den Mythos vor und nicht die Romantik; was sie vorführt, das ist das Verlangen der Sprachlosen nach Mythisierung und Romantisierung, das unbefriedigt bleibt und bleiben muß.

So traurig es ist: auch die Freiheit bleibt ein unerfüllter und unerfüllbarer Mythos, und möglich ist sie nur als Vogelfreiheit. Pepi Fröschl sagt es zu Johannes Null:

> Du bist vogelfrei, jeder kann mit dir sprechen, Holz wie Eisen, Tote wie Felsen, Wasser wie Schnee, Tiere wie Gold, Eiskristall wie Kristallbecher, Diamanten

---

[22] Ebd., S. 2135.
[23] Ebd., S. 1431.

> wie Sandkorn. Alles kann mit dir sprechen, du bist vogelfrei. Wer mit dir spricht, muß nicht zittern. Wer mit dir hintritt vor Gott, selbst als Frevler, ist nicht nackt. Du bist der Ungefährlichste, die große Hoffnung, du bist nackt. Du bist der Vogelfreie. Du bist, die Zukunft und die Vergangenheit, du bist die Gegenwart und mit dir wird gehen, Vergangenheit. Du bist, die große Sehnsucht, einst werden sie jede Träne von dir aufzeichnen.[24]

Der Leser von *Dessen Sprache du nicht verstehst* hält sie in Händen, die Aufzeichnung der Tränen des Vogelfreien: es ist eine Prosa ohne Eigenschaften, eine Prosa der Leidenschaften, die sich bei aller Breite und Komplexität der Darstellung zu einem einzigen, mehr der Zukunft als der Vergangenheit geltenden stummen Aufschrei ballt.

> Irgendwann war dies alles wahr, irgendwann war er auf dem Nirgendwoer Bahnhof, auch im Haus des Adlers war er und mit ihm viele Männer. Und irgendwann war etwas geschehen. Eigentlich etwas ganz Normales. Ein Mensch stand auf, ein Mensch erhob sich, war es so? Möglich; denkbar wäre es. Sogar sehr wahrscheinlich, es war schon so. Es war Nacht und Johannes, erhob sich.[25]

---

[24] Ebd., S. 3192.
[25] Ebd., S. 322.

Angst vor Marianne Fritz? Ein Symposium zum Werk der österreichischen Autorin

Wer hat Angst vor Marianne Fritz? Fast der ganze Literaturbetrieb – so mußte es jedenfalls scheinen, als 1985 der Fritzsche Großroman *Dessen Sprache du nicht verstehst* erschien. Der Titel des 3390-Seiters wurde von den allermeisten Kritikern auf plumpe Weise beim Worte genommen und offenbar als Affront verstanden; sie wehrten sich mit Häme, indem sie der Autorin unökonomisches Erzählen vorwarfen, die eigenwillige Sprachgestalt des Textes als „Analphabetismus" und „Privatsprache" denunzierten und den Suhrkamp-Verleger Siegfried Unseld, der das Wagnis der Publikation auf sich nahm, zum „Verpackungskünstler" erklärten. Zum guten Ton solcher unguten Rezensionen gehörte es, zuzugeben, daß man den Text gar nicht ganz gelesen habe – ein Umstand, der freilich gerne dem Text und nicht dem Rezensenten in die Schuhe geschoben wurde.

Neun Leser, die den Text sehr wohl ganz gelesen und dabei ein ästhetisch, intellektuell und emotional beinahe unvergleichliches Abenteuer erlebt haben, trafen sich nun in Wien, um die Vielfalt der Lektüreerlebnisse in einen ebenso offenen wie spannenden Dialog einzubringen. Mit dem „Neuen Wiener Symposium" zu Marianne Fritz, dem ein ähnliches Projekt zum Werk Albert Drachs vorausgegangen war, wollte Veranstalter und Koordinator Kurt Neumann eine Gesprächsform neuen Typs installieren. Die Teilnehmer – Literaturwissenschaftler, Kritiker, Historiker, Philosophen und Autoren aus Österreich, Deutschland und der Schweiz – hatten sich emsig vorbereitet und im Vorlauf der Veranstaltung ihre Erkenntnisinteressen und Leitthesen ausgetauscht, aber keine Vortragstexte mitgebracht, wie sonst üblich: angestrebt war ein fachlich fundiertes Gespräch von drei mal drei Stunden Dauer, dessen offene Struktur vom Moderator Klaus Kastberger zwar manchen Impuls, aber keinerlei Einengung erfuhr. Um der andernorts zu beobachtenden Tendenz zur Selbstdarstellung der Teilnehmer erst gar keine Chance zu geben, saß das Publikum nicht im selben Raum, sondern verfolgte den Fortgang über eine ausgeklügelte Videoübertragung.

Erstaunlicherweise funktionierte dieses Konzept tatsächlich. Hatten einige der Teilnehmer vorher noch hinter vorgehaltener Hand geunkt, die Präsenz der beiden Kameras sei ja schlimmer als die von sichtbaren Zuschauern, so gaben sie hinterher das Gegenteil zu: das Gespräch war durchweg viel zu intensiv, als daß es anderen Gesetzen als denen des gemeinsamen Erkenntnisganges hätte gehorchen können, und das Bewußtsein, auch ein Spektakel (für das Publikum nämlich) zu sein, erlosch gänzlich hinter dem, miteinander etwas zu bewegen. Insofern spiegelt die Struktur des Symposiums sogar eine der Qualitäten seines Gegenstandes: schließlich kennzeichnet es das Werk von Marianne Fritz wie wenig andere der Gegenwartsliteratur, daß es seine inneren Notwendigkeiten, seine darstellerische Konsequenz und seine Erlebnisintensität nicht auf dem Altar der leichten Konsumierbarkeit opfert.

Daß sich auch ein solches Symposium dem komplexen Fritzschen Werk nur annähern, es keineswegs ganz ausdeuten kann, war dabei allen Beteiligten durchaus klar. Ob nun Hans Heinz Hahnl, langjähriger Redakteur der *Arbeiterzeitung*, in seiner Betrachtung von *Dessen Sprache du nicht verstehst* die Darstellung des Landproletariats zu Beginn des ersten Weltkriegs herausstreicht oder ob Konrad Paul Liessmann auf die so gar nicht proletarische Sprachgebung hinweist; ob der Historiker und Romancier Georg Schmid davor warnt, die Fritzsche „Vor-Geschichte“ eilfertig als Gegengeschichtsschreibung zu klassifizieren, oder ob Hans Haider die biblischen Mythen in *Dessen Sprache du nicht verstehst* aufspürt; ob sich Michael Wetzel auf die Topologie, Barbara Priesching auf Topographie und Geographie, Heinz F. Schafroth auf die Geometrie des Textes einläßt – ihnen allen ist bewußt, daß sie lediglich Tangenten an den Atomkern des Fritzschen Kosmos anlegen, dessen schlüssige Aufspaltung unmöglich bleibt. In ihrer Summe, auch in ihren Widersprüchen und Aporien, entwerfen die verschiedenen Zugänge immerhin ein recht beachtliches Bild von ihrem Gegenstand.

Die Teilnehmer der dreitägigen Veranstaltung haben sich vorgenommen, die Früchte des gemeinsamen Tuns nun auch schriftlich zu fixieren, und am Ende soll dann ein Sammelband mit Studien und Essays[1] erscheinen. Es ergäbe sich dann die paradoxe Situation, daß man zwar ein Kompendium über das Werk, aber nicht das Werk selbst kaufen kann: unter Hinweis auf die miserablen Verkaufszahlen hat Suhrkamp-Chef Unseld *Dessen Sprache du nicht verstehst* inzwischen aus dem Verlagsprogramm gestrichen; die Restbestände werden derzeit vom Zweitausendeins-Versand verschleudert. Diese Situation berührt naturgemäß auch den weiteren Fortgang des Lebensprojekts *Die Festung*, dem alle drei bisher von Marianne Fritz veröffentlichten Romane angehören: ein weiterer Großbaustein zu diesem literari-

---

[1] Vgl. Klaus Kastberger (Hg.), *Nullgeschichte, die trotzdem war. Neues Wiener Symposium über Marianne Fritz* (Wien: Sonderzahl 1995).

schen Riesenbau, wiederum mehrere tausend Seiten stark, ist seit einem Jahr abgeschlossen, doch bisher traut sich weder Unseld noch ein anderer Verleger heran. Die Blamage der Kritik wurde seinerzeit verhindert, weil einige beherzte Rezensenten, nachdem sich der Rauch des anfänglichen Spektakels um *Dessen Sprache du nicht verstehst* verzogen hatte, doch noch mit sachlichen und einsichtigen Besprechungen aufwarteten; jetzt muß es darum gehen, die Blamage des Verlagsgewerbes zu verhindern. Angst vor Marianne Fritz braucht der Leser nicht zu haben – Angst vor Marianne Fritz hat derzeit nur der Verlag.

*

Neues Wiener Symposium Marianne Fritz – Thesenpapier

(Ergänzungen, Präzisierungen und Anregungen zu vorgegebenen Themenbereichen)

Eigentümlichkeiten

1. Sprache. Den Gegensatz zwischen der Sprache der Poesie und der Sprache der Macht, von Heinz Schafroth angesprochen, benennt Marianne Fritz in dem Einführungsband *„Was soll man da machen.“*[2] implizit selbst, und zwar thematisch, wenn sie schreibt, sie wolle sich mit dem befassen, „was gewisse Formulare, Dokumente, karteimäßig verfaßte Lebensläufe ausgrenzen, ausblenden, weglassen, nicht in sich aufnehmen“: wenn Mari-

[2] Vgl. Marianne Fritz, *„Was soll man da machen.“ Eine Einführung zu dem Roman ‚Dessen Sprache du nicht verstehst‘* (Frankfurt a.M.: Suhrkamp 1985).

anne Fritz den Stoff ‚jenseits von Formularen etc.‘ aufarbeiten will, so will sie ja auch die starre Sprache von Formularen etc., die die Sprache der Macht ist, umgehen. Ihr geht es um den Stoff und gleichzeitig um die Sprache derer, die anderswo nicht zu Worte kommen. Die Perspektive ist damit die der eigentlich Ungehörten, sprachlich Ausgegrenzten, in Konsequenz der Sprachlosen. Die eigentliche Leistung Marianne Fritz’ auf sprachlichem Gebiet ist es vielleicht, den Sprachlosen und Sprachohnmächtigen eine Sprache zu geben, eine Sprache, die sprachgewordenes Vor- und Ursprachliches ist: gestische Sprache, nonverbale Sprache, oft auch alogische Sprache. Nur weil es Marianne Fritz gelingt, die Sprachlosigkeit beredt werden zu lassen, wirkt es in ihrer Prosa nicht aufgesetzt, sondern durchaus konsequent, daß auch nichtsprachmächtige Objekte ihre ‚Sprache‘ erhalten: die Sprache des Windes, die Sprache des Landes, die Sprache von Pflanzen etc. pp.

2. Umfang. Der Umfang des Buches ist auch eine Konsequenz der Sprachhandhabung: wo Sprache nicht als verkürzendes, objektivierendes Hilfsmittel eines abstraktes Diskurses, sondern als quasi nonverbales, abbildendes, gestisches Handeln in Szene gesetzt wird, beansprucht sie auch mehr Raum. Die Sprache verkürzt hier einen außersprachlichen Kosmos nicht auf eine unbildliche Aussage, sondern sie bildet diesen Kosmos auf gestische, nonverbale Weise in seinen Verästelungen und Widersprüchen nach. Paradoxerweise entstehen dabei allerdings auch auf der Ebene der Mikrostruktur Sprachorganismen eigenen Rechts, die im Rahmen des ausufernden Großwerks so etwas wie Sprachminimalismus praktizieren.

3. Struktur. Indem Marianne Fritz das Nichtsprachliche zu Sprache macht, konkretisiert und objektiviert sie einen Raum von Welt, der zuvor der einer subjektiven, vorsprachlichen Perspektive war. Die Elemente dieses versprachlichten, aber prinzipiell immer noch nonverbalen Raums können nun zu Strukturen verknüpft werden, die die subjektive Perspektive überschreiten und sich dieser auch entziehen: der Kosmos verselbständigt sich.

Gattungen / Mythos

1. lyrisch / episch. Es wäre zu fragen, ob nicht Marianne Fritz die Grenzen zwischen Lyrischem und Epischem aufhebt, indem sie die – gemeinhin dem Lyrischen vorbehaltene – Verselbständigung von sprachlichen Elementen in der Breite eines umfassenden epischen Entwurfs vollzieht.

2. Mythos / Archetypen. Der Hinweis auf die Etablierung eines Mythos, auf die Arbeit mit Archetypen liegt sicherlich aus mehreren Gründen nahe, doch scheint sich mir hier bei näherem Hinsehen doch ein Problem zu ergeben. Zum Mythos gehört es, daß Geschehen und Figuren auf die Struktur eines einfachen, überschaubaren Grundaufbaus (eben unter Verwendung von Archetypen) reduziert werden können; wie aber paßt dies mit dem wuchernden Umfang von *Dessen Sprache du nicht verstehst* und der auch strukturellen Komplexität des Werkes zusammen? Gewiß ist richtig, daß quasi mythische Elemente Verwendung finden (evtl. als Versatzstücke?); es wäre allerdings erst noch zu untersuchen, inwieweit solche Elemente tatsächlich für die Gesamtstruktur konstitutiv sind. Dieser Einwand wäre evtl. auch gegen Hans Haiders Parallelisierung von *Dessen Spra-*

che du nicht verstehst mit „Volksmärchen und Bilderbogenwelten“ zu erheben.

Probleme der Interpretation

Zur Bestärkung der von Hans Haider vorgebrachten Warnung vor kunstfernen Verkürzungen möchte ich Salman Rushdie zitieren, der in seinem Roman *Scham und Schande* schreibt: „Das Land dieser Geschichte ist nicht Pakistan, oder nicht ganz. Es gibt zwei Länder, ein reales und ein fiktives, die beide denselben Raum einnehmen, oder beinahe denselben Raum. Meine Geschichte, mein fiktives Land befinden sich, genau wie ich, in einem etwas schiefen Winkel zur Realität.“ Dieser „schiefe Winkel“ wäre bei Marianne Fritz zu interpretieren, aber nicht wegzudiskutieren durch simple Gleichsetzungen. Damit ist zwangsläufig auch das Realismus- und auch das Wertungsproblem angesprochen.

Eigene Themenstichpunkte zu *Dessen Sprache du nicht verstehst*

1. Sprache.

- Gegenstandssprache / Sprachgegenstände
- Sprache und nichtsprachmächtige Objekte
- Sprache und Stummsein / Verstummen
- Sprache und Nonverbalität; Sprache als Geste
- Sprachlogik / -konsequenz
- Allumfassende Sprache und Sprachminimalismus [Beckett?]

2. Struktur

- temporale Ordnungen (Zeit / Historie) [*Dessen Sprache du nicht verstehst*: nicht Gegengeschichtsschreibung, sondern „Vor-Geschichte“]

- subjektive Ordnungen (Erinnerung / „Geschichte(n)“)
- Entsubjektivierung / Verselbständigung subjektiver Ordnungen und ihrer Elemente
- Vernetzung von Motiven durch übersubjektive Ordnungen [Romeo / Julia etc.]

3. Intertextuelle Relationen

- *Dessen Sprache du nicht verstehst* + Musils *Mann ohne Eigenschaften*: Schauplatz / Struktur / semantische Zentren / Nonverbalität / evtl. Anspielungen & Verbeugungen
- *Dessen Sprache du nicht verstehst* + Prousts *Recherche*: Erinnerung / Gewohnheit / Gnade & Trauma der Vergangenheit [Huxley]
- Position des Romans auf Matrix Tradition / Innovation
- Position des Romans auf Matrix Moderne / Postmoderne

Die Radikalisierung des Musilschen Möglichkeitssinns in *Dessen Sprache du nicht verstehst*

Vielleicht war, Er doch bereit, seine Stimme zu hören. Möglichkeiten über Möglichkeiten, wo wahrgesprochen Guggliemucci, wollte Pepi ihm nicht widersprechen.

Dessen Sprache du nicht verstehst[1]

Ulrich, der Mann ohne Eigenschaften in Robert Musils gleichnamigem Roman, sucht der Eindeutigkeit – eben den sogenannten Eigenschaften – zu entfliehen. Er tut dies, indem er an die Stelle der diskursiven die gleichnishafte Logik setzt, ebenso wie sein Autor Musil an die Stelle diskursiver Sprache und diskursiven Erzählens ein gleichnishaftes Sprechen setzt. „Das Gleichnis", so Ulrich, „[...] ist die Verbindung der Vorstellungen, die im Traum herrscht, es ist die gleitende Logik der Seele, der die Verwandtschaft der Dinge in den Ahnungen der Kunst und Religion entspricht"[2]. Auf der Überwindung des Eindeutigen, der Unverrückbarkeiten, gründet das,

---

1 Marianne Fritz, *Dessen Sprache du nicht verstehst*, Roman (3 Bände, Frankfurt a.M.: Suhrkamp 1984), S. 402.

2 Robert Musil, *Der Mann ohne Eigenschaften*, hg. v. Adolf Frisé (Reinbek: Rowohlt 1978), Bd. 1, S. 593.

was Ulrich zunächst mit dem Ausdruck „hypothetisch leben“[3] benennt und folgendermaßen beschreibt:

> Es entstand [...] ein unendliches System von Zusammenhängen, in dem es unabhängige Bedeutungen, wie sie das gewöhnliche Leben in einer groben ersten Annäherung den Handlungen und Eigenschaften zuschreibt, überhaupt nicht mehr gab; das scheinbare Feste wurde darin zum durchlässigen Vorwand für viele andere Bedeutungen, das Geschehende zum Symbol von etwas, das vielleicht nicht geschah, aber hindurch gefühlt wurde, und der Mensch als Inbegriff seiner Möglichkeiten, der potentielle Mensch, das ungeschriebene Gedicht seines Daseins trat dem Menschen als Niederschrift, als Wirklichkeit und Charakter entgegen.[4]

Der „potentielle Mensch“ ist gleichzeitig eine Existenz- und eine Wahrnehmungsweise; das Sein fächert sich auf zu einem Katalog von Möglichkeiten, zu einem Potential an versuchten und versagten Wirklichkeiten, zu dem,

> was Ulrich im Lauf der Zeit Essayismus und Möglichkeitssinn und phantastische, im Gegensatz zur pedantischen Genauigkeit genannt hatte, die Forderungen, daß man Geschichte erfinden mußte, daß man Ideen-, statt Weltgeschichte leben sollte, daß man sich dessen, was sich nie ganz verwirklichen läßt, zu bemächtigen und am Ende vielleicht so zu leben hätte, als wäre man kein Mensch, sondern bloß eine Gestalt in einem Buch [...].[5]

---

[3] Ebd., S. 249.
[4] Ebd., S. 251.
[5] Ebd., S. 592.

Eine „Gestalt in einem Buch“ ist natürlich Ulrich selber schon, eben eine Gestalt in Musils Roman; was er sich wünscht, das ist demhingegen die Existenz in einem autorlosen, nicht eindeutig zu perspektivierenden Buch. Hier läßt sich seine Auffassung vom historischen Prozeß anschließen:

> Größtenteils entsteht Geschichte [...] ohne Autoren. Sie entsteht nicht von einem Zentrum her, sondern von der Peripherie. Aus kleinen Ursachen. [...] Würde man darum eine Generation heutiger Europäer im Alter der frühesten Kindheit in das ägyptische Jahr 5000 v. Chr. versetzen und dort lassen, so würde die Weltgeschichte noch einmal beim Jahr 5000 beginnen, sich zunächst eine Weile lang wiederholen und dann aus Gründen, die kein Mensch errät, allmählich abzuweichen beginnen. [...] Der Weg der Geschichte ist also nicht der eines Billardballs, der, einmal abgestoßen, eine bestimmte Bahn durchläuft, sondern er ähnelt dem Weg der Wolken, ähnelt dem Weg eines durch die Gassen Streichenden [...].[6]

Hier wird der Möglichkeitssinn vom Bereich der individuellen Existenz – eben der Frage des hypothetischen Lebens – ausgeweitet auf die Ebene des historischen Ablaufs: es gibt so etwas wie eine hypothetische Geschichte, die Geschichte dessen, was hätte sein können, wenn es nicht so gekommen wäre, wie es bekanntlich kam. Möglichkeiten verschwinden also nicht einfach dadurch, daß sie nicht eingetreten sind; als nicht aktiviertes Wirklichkeitspotential sind sie virtuell vorhanden und können sogar Wirkungen zeitigen. Der Möglichkeitssinn und ein wie auch immer zu fassender Determinismus sind deswegen keine Gegensätze, sondern sie verhalten sich

---

[6] Ebd., S. 360 f.

komplementär zueinander: deterministisch ist die Geschichte insofern, als ihre Resultate für den, der aus der Gegenwart zurückblickt, bereits feststehen; dies enthebt ihn jedoch nicht von der Chance, das Potential der verpaßten Gelegenheiten, der nicht eingetretenen Entwicklungen zu sehen und als eine Wirklichkeitsebene hinter der faktischen zu begreifen. Wahr ist nicht nur, daß etwas geschehen ist; wahr ist ebenso, daß statt dessen etwas anderes hätte geschehen können.

Marianne Fritz, die in ihrem Epos *Dessen Sprache du nicht verstehst* Individual- und Kollektivgeschichte aneinander bricht, tut dies ausdrücklich auch unter Berufung auf die Komplementarität von Determinismus und Möglichkeitssinn. Nicht nur steht der Ablauf der großen Historie, soweit sie in dem Roman aktiviert wird, für den Leser bereits fest; unausweichlich steuert auch die Individualgeschichte von Johannes Null und Pepi Fröschl, vorgezeichnet nicht zuletzt durch die aktivierten mythologischen Strukturen, auf ihre Katastrophe zu. Dies enthebt jedoch den Gestus des Erzählens nicht von der Notwendigkeit, die Vielfalt jener Möglichkeiten zu sehen und ins Werk zu setzen, die sich an den einzelnen Punkten der Geschichte ergeben haben. Die Fahnenflucht des Johannes Null, auslösendes Moment der Rahmengeschichte, wirkt in diesem Sinne als ein besonderer fruchtbarer Generator von potentiellen Wirklichkeiten:

> Irgendwann war dies alles wahr, irgendwann war er auf dem Nirgendwoer Bahnhof, auch im Haus des Adlers war er und mit ihm viele Männer. Und irgendwann war etwas geschehen. Eigentlich etwas ganz Normales. Ein Mensch stand auf, ein Mensch erhob sich, war es so? Möglich; denkbar wäre es. Sogar sehr wahrscheinlich, es war schon so. Es war Nacht und Johannes erhob sich.

Hatte gefällt die Entscheidung etwas spät und aber, nicht zu spät.
Der Rest, das wußte er
rollte, wie die Lawine rollt
ob gegen ihn, das war die Frage.[7]

Die Lawine, die rollt: dahinter steckt natürlich der obwaltende Determinismus; das Individuum ist es, das dagegen seinen zunächst privaten, dann ins Kollektivgeschehen durchaus rückwirkenden Einspruch einlegt, verkapselt in Begriffen wie „möglich", „denkbar", schließlich dem „es war schon so". Das Hypothetische, das in solchem Einspruch steckt, äußert sich nicht zuletzt darin, daß sich Zeit und Raum tendenziell dem Determinismus entziehen. Die Zeit ist ein „irgendwann", der Ort heißt (in der Prosa von Marianne Fritz sogar zu einem Konkretum kristallisiert) „Nirgendwo" – wobei auch zwischen dem ‚irgend' und dem ‚nirgend' grundsätzlich kein Gegensatz, sondern eine Komplementarität besteht: das ‚nirgend' beschreibt ein zwar von den Entscheidungen des Deterministischen nicht aktiviertes, aber deswegen doch nicht Undenkbares und Unmögliches ‚irgend', und auch Nirgendwo liegt, wenn wir so wollen, irgendwo.

Die Prosa des Möglichen ist eine Prosa der Vermutungen, der Einbildungen, auch der Erfindungen – was freilich nicht heißt, daß stets ein Modus des Irrealis herrscht. Das erfundene Mögliche kann sich immer auch als Wirklichkeit vollziehen, was nicht zuletzt Johannes Null, der Vogelfreie, zum Realitätsprinzip seiner Flucht macht:

Und der Vogelfreie blickte hinüber zu dem Signalhäuschen; er kannte den Weichenwärter nicht, den

---

7 Fritz, *Dessen Sprache du nicht verstehst*, a.a.O., S. 322.

> hatte er sich erfunden samt dem Nackten auf den Schienen, und den Streckenbegeher. Ob in diesem Signalhäuschen justament der Weichenwärter Gegenwart war, akkurat der seinen Dienst dort versah?[8]

Der Vogelfreie ist immer allein, und der Vogelfreie ist nie allein: zwischen diesen beiden Polen oszilliert seine Individualgeschichte. Das Potential an Wirklichkeit wird aufgefächert wie ein Kartenspiel, aus dem der Fetischist des Faktischen nur jene eine Karte gelten läßt, die ausgespielt wird; ausgespielt wird sie freilich in einer Situation, bei deren Einschätzung die nicht ausgespielten ihre gleichberechtigte Rolle spielen. Die Realität der Karten, die in der Hand bleiben, ist deshalb in der Realität der ausgespielten enthalten – und in der Realität aller Karten in der Hand wiederum ist die Realität der Karten in der Hand der Mitspieler enthalten, wenn auch durchaus nicht in einer eindeutig festzulegenden Verteilung.

In diesem Sinne oszilliert die Individualgeschichte nicht nur zwischen den Polen des Alleinseins und des Nichtalleinseins, sondern sie überlagert sich mit der Individualgeschichte anderer, und es kann zu Prozessen kommen, die Teile der potentiellen Individualgeschichte des einen in die potentielle Individualgeschichte des anderen übergehen lassen. Marianne Fritz setzt diesen Prozeß ins Werk, wenn sie das Bewußtsein einzelner Figuren gegeneinander transparent sein läßt: eine Figur kann einer anderen ihre Erinnerungen mit auf den Weg geben; eine Figur kann sich imaginierend mit einer anderen austauschen. Johannes Null imaginiert auf der Flucht Redesituationen, beispielsweise solche mit seinem Bruder August, und sogleich entstehen neue Möglichkeiten wie auch neue Grenzen von Realität:

---

[8] Ebd., S. 360.

> Als hätt der August, das tröstete den Vogelfreien doch, irgendetwas von seinen Geschichten, von dem, was ihm erzählt der Johannes. Als könnt er hiemit irgendetwas rückgängig machen, wo, einmal allessamt durchgestrichen, sollt man einen Menschen nicht billig trösten. Es war der Trost, er hielt an, solange bis es wieder begann mit dem Hätte ich Hätte August: Hätte, hätte, hätte. Denn weit, weit war noch der Weg von Donaublau nach Nirgendwo.[9]

Das „Hätte, hätte, hätte“ bezeichnet einen bestimmten Modus des Möglichen, nämlich den der verpaßten Möglichkeiten. Dem „hätte“ ist immer die Perspektive der Rückschau einbeschrieben, eben der historisierende Blick, der zwischen den eingetretenen, zur sogenannten Wirklichkeit gefrorenen Möglichkeiten und den anderen, den vom Wirklichkeitsverlauf ausgesonderten Möglichkeiten unterscheidet. In der Prosa von *Dessen Sprache du nicht verstehst* wird diese Unterscheidung zwar erlitten, aber – im Prozeß der Vergegenwärtigung – auch negiert und wieder aufgehoben. Durchgespielt und in seinem Fortwirken akzeptiert wird auch das Spektrum des in diesem Sinne Un-Möglichen. Auch das Unmögliche nämlich zählt dem Prinzip nach zu den Möglichkeiten; es steht für das ‚hypothetische Leben‘ im Gegensatz zu dem, was man vorschnell als ‚Leben in der Realität‘ bezeichnen könnte.

Der Möglichkeitssinn gerät folglich in einen Konflikt mit dem, was gemeinhin Realitätssinn heißt; ausgetragen wird dieser Konflikt in *Dessen Sprache du nicht versteht* vom Sprach- und Erzählgestus selbst, aber auch von den einzelnen Figuren – beispielsweise von Johannes Todt:

---

9 Ebd., S. 372.

> lieber Johannes, sei bitte kein Hitzkopf, sei vernünftig, bedenke, bedenke und bedenk vor allem: so wie du bist, bist du nicht möglich. Also mache, mache dich möglich! Wie? Warum nur gab es für ihn keinen Platz in dieser Welt; warum nur.[10]

Die Realität von Johannes Todt, der sich un-möglich benimmt, wird vom Wirklichkeitssinn negiert; eingeschüchtert übernimmt Johannes Todt diese Negation sogar ein Stück weit, wenn er sich fragt: „wer garantierte ihm, daß er sich selbst nicht nur träumte in Wirklichkeit es ihn aber genauso wenig gab wie Hortensie; obzwar."[11]

Im „obzwar" am Schluß dieses Zitats keimt dann freilich schon wieder das Beharren auf dem Möglichkeitssinn, die Auflehnung gegen die verordnete Realität. In Bezug auf seine Romeo-Rolle meint Johannes Todt: „Spiel ist doch auch Wahrheit und Wirklichkeit, oder nicht?"[12] In dieser Frage zeigt sich ein Beharren auf einem ‚anderen', einem erweiterten Wirklichkeitsbegriff, der für Sprache, Struktur und Figurenwelt in *Dessen Sprache du nicht verstehst* ganz wesentlich wird. Die Negationen eines verengten und verengenden Wirklichkeitsbegriffs werden aufgehoben: „Nie gewesen nie gefehlt nie geboren nie gestorben. War es nicht, besser wenn man ging, wenn man erkannte den eigenen Lebensentwurf als doch alles Mögliche"[13]. Alles Mögliche: das heißt zunächst einmal, daß nicht nur die je aktuelle Außenwelt zählt, sondern auch das ganze Potential an Innenwelt, das das Individuum wie auch der Erzählgestus in diese Außenwelt hineinschreibt:

---

10 Ebd., S. 636.
11 Ebd., S. 998.
12 Ebd., S. 656.
13 Ebd., S. 692.

> fasse die Innenwelten der beiden nicht als allzu nebensächlich auf, kennst du so wenig deine eigene Innenwelt, dieses Vorbeireiten und Werden von ungewünschten Wirklichkeiten. Unterschätze diese Innenwelten nicht, wie allessamt in dir geworden erst so nach und nach[14]

Die Kollision des Möglichkeitssinns mit dem verengten Wirklichkeitssinn beginnt da, wo die verpaßte Möglichkeit sich weigert, folgen- und bedeutungslos zu sein. Marianne Fritz trägt dem Rechnung, indem sie auch das erzählt, in Sprache erzählt, was gar nicht zur Sprache gekommen ist. „‚Denn ich liebe dich.' Johannes sagte es nie“[15]: aufgezeigt wird auch die Möglichkeit, die anschließend durchgestrichen werden muß – und natürlich ist in diesem wie in anderen Fällen ohne diese durchgestrichene Möglichkeit die Wahrheit zwischen Johannes und Pepi nicht zu verstehen; der Verzicht der verengenden Außenwirklichkeit auf diese Möglichkeit macht deren Potential an traumatischer Wirkkraft nur noch größer: „‚Denn ich liebe dich.' Pepi Fröschl sagte es nie.“

Der (vom Realitätssinn definierten) definitiven Geschichte konkurriert eine nicht minder bedeutsame „Nichtgeschichte“; Johannes Null beharrt zu recht darauf, daß „allessamt Teil ihrer Nichtgeschichte war, er wollte diesen Abend, diese Nacht nicht missen“[16]. Die „Nichtgeschichte“ ist nichts anderes als Potentialgeschichte („Natürlich war das denkbare Geschichte“[17]); negative Bestimmungen wie Nirgendwo / Niemand / Nie entheben deswegen nicht von der Notwendigkeit, das

---

[14] Ebd., S. 717.
[15] Ebd., S. 482.
[16] Ebd., S. 510.
[17] Ebd., S. 607.

solchermaßen negierte Potential an Geschichte mitzuerzählen, wenn es darum geht, die ganze Vor-Geschichte zu erzählen.

Der Erzählgestus von *Dessen Sprache du nicht verstehst* trägt dem auch im Detail Rechnung, indem er eine Vielzahl von Nicht-Realitäten als Möglichkeiten aufruft. „In der Zelle brannte weder Petroleum noch Gas, noch war elektrisches Licht in ihr eingeschaltet“[18]: dieser Satz als ein vergleichsweise simples Beispiel der Fritzschen Möglichkeitsprosa ist keineswegs überflüssig. Anhand dieses Satzes zeigt sich auch, daß sich negierte Möglichkeiten nicht zuletzt in Form von Wünschen aktivieren lassen, was durchaus nicht folgenlos ist: der Zelleninsasse wünscht sich Licht, und dieser Wunsch wirkt fort, auch wenn er nicht erfüllt wird.

„Und sich in ihrem Kopf verwandelt Gusti und geworden zum Herrn Doktor August Null, dann er gewesen wieder ein richtiger Offizier und dieses Lächeln“[19]: auf diesen Zustandsbericht vom Wunschdenken der Wilhelmine Spieß folgt eine mehrseitige Ausgestaltung ihrer Projektionen, und dies durchaus zu recht, denn auch solches Wünschen gehört zur Vorgeschichte. Das Potential an Wirklichkeit, das der Möglichkeitssinn schafft, potenziert den Umfang der in allen Verästelungen zu erzählenden Geschichte, und auch daraus resultiert der ungewöhnliche Umfang von *Dessen Sprache du nicht verstehst*. Ein Unterkapitel, nämlich der Abschnitt „Das Morgengrauen“ im achten „ROMEO“-Kapitel, besteht sogar zu guten Teilen aus einer Aufzählung von Möglichkeiten:

---

[18] Ebd., S. 1057.

[19] Ebd., S. 1283.

> Möglich; daß Gusti es nicht fassen konnte. Möglich; daß er gerauft mit den Fledermäusen des Nirgendwoer Kirchturms und mit sonst, nix. Möglich; daß er sich kuscheln hat wollen noch näher zur Wand.[20]

So geht das über etwa zwei Seiten, und deutlich wird an diesem Passus, daß die Palette an möglichen Wirklichkeiten durch den Versuch, das Geschehene zu erklären, nur noch immer größer wird: „Irgendwieso oder ähnlich es wahr gewesen; weil, genaugenommen; irgendetwas immer wahr gewesen."[21] Das merkwürdige Wörtchen „Irgendwieso" bezeichnet schon ein ganzes Bündel von verästelten Möglichkeiten, und dem an die Seite stellt sich das Wörtchen „Vielleicht": „Vielleicht es so gewesen, vielleicht – auch anders und aber. Ganz bestimmt, das eine Tatsache. In diesem Augenblick, als erwacht August Null."[22] Auf den ersten Blick höchst seltsam ist, daß hier das „Vielleicht" sogleich „eine Tatsache" wird, aber auch das gehört zur Funktionsweise des Möglichkeitssinnes und des schon bei Musil realisierten Bemühens, hypothetisch zu leben: Hypothese und Existenz, Möglichkeit und Tat fallen in eins.

Schon Musil führt, um den Umschlag des Hypothetischen in gelebte Existenz in ihrer konsequentesten Form vorführen zu können, eine Figur ein, der die eingespielten Selektionsmechanismen des mit sogenanntem Realitätssinn ausgestatteten Pragmatikers abhanden gekommen sind, nämlich den Irren Moosbrugger. Nicht zufällig stehen eine Irrenanstalt und ihre Insassen im Zentrum von *Dessen Sprache du nicht verstehst.* Das Personal des Romans kündigt nicht, wie Musils Ulrich,

---

[20] Ebd., S. 1890.
[21] Ebd., S. 1153.
[22] Ebd., S. 1855.

den Pakt mit den Konventionen der Selektion, mit dem, wie Musil es nennt, Prinzip der erzählerischen Ordnung mühsam auf, sondern ihm sind solche Konventionen von vornherein fremd. Der Möglichkeitssinn der Fritzschen Figuren spiegelt auch ihr Bemühen, sich gegen die Sanktionen der Ordnungsmächte zur Wehr zu setzen; ihr Möglichkeitssinn kann sogar begriffen werden als Versuch, gegen die aufgezwungenen (politischen, mentalen, sprachlichen) Ordnungen ihre eigenen, nichthierarchischen Ordnungen zu bewahren. Über August Null lesen wir: „möglich, daß das Durcheinandergerückte nix anderes war, als gewissermaßen eine Bemühung auch zu schaffen: eine neue Ordnung, möglich, es sehr möglich bis sogar wahrscheinlich“[23]. Aber nicht nur August, sondern auch sein Bruder Johannes Null, der Vogelfreie, schafft sich seine eigenen (Un-)Ordnungen:

> Gegenaugenommen hatte Johannes Null seinen Gedankenkreis, nie wirklich zu beherrschen vermocht, geschweige zu ordnen. Nichts war bei dem bedauerlichen Fall fest und bestimmt, alles irgendwie flüssig – im Fluß! – und so uferlos in dieser völligen Konfusion; seine Vorstellungen liefen gewissermaßen wild und regellos durcheinander, sodaß ein wirklicher Zusammenhang unter denselben eigentlich fehlte. Zweifellos! Johannes Null lebte in einer selbstgemachten inneren Welt, von Vorstellungen und Phantasiebildern, als wäre die eigentlich wirkliche äußere Welt nicht da[24]

Das „als wäre“, mit dem der abschließende Halbsatz beginnt, kennzeichnet eine spezielle Facette des Möglichkeitssinns, nämlich eben das Hypothetische; hier wird es

---

[23] Ebd., S. 1892.
[24] Ebd., S. 3255.

freilich in einen Vorwurf umgemünzt, indem es als Ausflucht und Wunschdenken abgetan wird. Wunschdenken gehört, wie bereits bezeigt, durchaus zum Möglichkeitssinn dazu; auf Wunschdenken treffen wir beispielsweise auch bei Vlado: „So war es doch! Vlado wußte, daß es: nicht unbedingt so war, aber es war angenehm, es so zu sehen.“[25] Dies ist aber gleichsam nur eine banale Variante, vielleicht sogar eine Karikatur des Möglichkeitssinns. Um ein etliches vielschichtiger liegen die Dinge bei August Null:

> Was war Wirklichkeit in diesem grotesken sich ineinanderfügen von Ereignissen, denen man alles zusprechen wollte – nur eines nicht – glaubhaft in diesen Ereignissen weniger war, daß es: sich als Möglichkeit anbot, Wirklichkeit gewesen zu sein und; noch immer; zu sein. Nicht August auch, sehr verwirrt wirkte? So war es.[26]

Wird die Verwirrung, die hier herrscht, mit einem apodiktischen „So war es“ aufgelöst, so wiederholt sich das gut dreißig Seiten später, nun aber mit geänderten Vorzeichen und in einer Weise, die das Zusammenspiel von Möglichkeitssinn und den mentalen Reduktionsmechanismen vorführt: „Und August nickte; es sich bestätigend: so könnte es gewesen sein. So wird es gewesen. Und aus dem, so wird es gewesen sein, ist dann geworden, dies: So war es.“[27] Entscheidend für das Funktionieren des Möglichkeitssinnes und ein überaus anschauliches Beispiel für die Umsetzung der ablaufenden Mechanismen ins sprachliche Detail ist hier der kurze Satz in der Mitte: „So wird es gewesen.“ Auf den

---

25 Ebd., S. 2202.
26 Ebd., S. 2652.
27 Ebd., S. 2686.

ersten Blick scheint hier am Ende ein „sein“ ausgefallen zu sein, aber wenn wir genauer hinschauen, merken wir, daß der Satz gerade in seiner fragmentarisierten Form jene Art und Weise der Wirklichkeits- und Geschichtsevokation trifft, die in *Dessen Sprache du nicht verstehst* vorherrscht: das Es der Möglichkeiten wird, indem es immer wieder vergegenwärtigt wird, zu dem, was war.

Dieses „war“ läßt sich im übrigen um ein ‚h‘ vor dem ‚r‘ ergänzen: die Suche nach der verlorenen Zeit und der verlorenen Wirklichkeit, als die sich das Romanwerk von Marianne Fritz bezeichnen ließe, ist stets auch eine Suche nach den verschütteten Wahrheiten. Der Plural ist dabei nicht unwesentlich: so wie es an jedem Punkt der Ereigniskette eine Vielzahl von Möglichkeiten gibt, gibt es auch eine Vielzahl von Wahrheiten, die nebeneinander bestehen können. Über August Null, den Todesschützen, heißt es einmal:

> Auch dies war wahr.
> Anderes war aber gleichzeitig auch wahr.
> Das Resultat war: „Feuer!“
> Dies durfte er annehmen mit Gewißheit.[28]

Anderswo fallen Sätze wie: „Dies war; im Traume; wahr.“[29] Und Wahrheiten stecken auch in den vielschichtigen Denkbarkeiten und Erfahrbarkeiten: „zumindest war es so; denkbar; erfahrbar. Manchmal hatte Man, das doch, so erfahren, oder nicht.“[30] An solchen Stellen merken wir, daß es bei den Verästelungen dieser Prosa nicht darum geht, Alternativen aufzuzeigen, die einander ausschließen oder die in unvereinbare Richtungen gehen; die Verästelungen, denen im Detail und auch

[28] Ebd., S. 2660.
[29] Ebd., S. 2859.
[30] Ebd., S. 2865.

im sprachlichen Gestus nachgespürt wird, streben keineswegs immer und notwendig auseinander, sondern können auch unverhofft wieder zusammenlaufen. Von Barbara Null wird einmal formuliert: „So und ähnlich, auch anders, hatte sie sich das zurechtgedeutet, nachgrübelnd: dem, was geworden, mit ihren Söhnen."[31] An solchen Formulierungen wird deutlich, daß wir mit der Logik der Alternativenbildung nicht weit kommen; das „So und ähnlich, auch anders" ist auf Benennung aus, hintergeht aber gleichzeitig jede Benennbarkeit, indem das bestimmte „so" sofort wieder von ebenso gerechtfertigten Variations- und Alternativmöglichkeiten geschluckt wird. Was hier stattfindet, sind sozusagen Mehrfachbelichtungsprozesse, freilich solche, bei denen das Gesetz der zeitlichen Sukzession außer Kraft gesetzt ist: nicht mehr legt sich lediglich aufeinander, was nacheinander geschieht, sondern auch das, was als Variation des Geschehens möglich ist.

Diese Prozesse ergreifen die Darstellungs- und Sprechmodi von *Dessen Sprache du nicht verstehst* in ihrem Kern, werden aber immer wieder auf die Figuren als ihre Ursprünge zurückgeführt, wo sie sich als psychische Abweichungen von der Norm des sogenannten Realitätssinns orten lassen. Pepi Fröschl wird die Diagnose gestellt: „Vielleicht hatte er allessamt: halluziniert"[32]. Pepi seinerseits erblickt in Johannes Null „die Fähigkeit selbst die unheimlichsten Stimmen, selbst die Stimme eines Toten als Möglichkeit denkbar werden zu lassen"[33], worauf Johannes auf seine Weise antwortet: „‚Der Versuchung widerstehen: deine Fähigkeit, nicht abergläubisch sein aber Unwahrscheinliches als Mög-

---

[31] Ebd., S. 2909.
[32] Ebd., S. 2937.
[33] Ebd., S. 3014.

lichkeit gelten lassen; du verlangst vom Null, ja was.‘, und hielt dem Priester den Mund zu.“[34]

Zur Charakterisierung der nächtlichen Gespräche heißt es: „In ihrem Erinnerungsbearbeiten, Vereinfachungs-Übungen dieser langen Nacht eingebaut wurden und Umgestaltungen, die herausstrichen das, was Mamma beunruhigt hatte, sehr.“[35] (Hier kann übrigens, worauf nur am Rande hingewiesen sei, die Vokabel „herausstrichen“ zweierlei bedeuten.) Vielleicht am deutlichsten werden die psychischen Überschußreservoirs, die den Möglichkeitssinn befördern, freilich doch bei August Null, etwa in dem leitmotivischen „halb-schlaf-ich, halb-wach-ich, halb-träum-ich-allessamt, halb-bin-ich, halb-träum-ich-mich, ich-könnte-sein.“[36] Wird hier die Wirklichkeit, die August erfährt und erlebt, in ihre Seinsbereiche aufgefächert, so fächert sich gleichzeitig auch die subjektive Existenz des Individuums auf – ja, es läßt sich eigentlich gar nicht mehr von einem Individuum, einem Unteilbaren, sprechen, denn August Null mit seinem keineswegs widerspruchslosen Potential an subjektivem Sein wird sich selbst fremd:

> Kreuz und quer, Erinnerungen, eines Aufgehörten. August hatte aufgehört, erinnerte sich und Chronologie gab dieses sich erinnern nicht her, vielleicht war es auch nur ein Druck, eine mit Hilfe der Erinnerungen erfassen den Jetzt-Zustand eines ihm Fremden, der ihm genau so fremd geworden war und den er betrachtete mit Grausen, und der doch auch war derjenige, von nicht zählbaren Anno Dazumal.[37]

---

[34] Ebd.
[35] Ebd., S. 2929.
[36] Ebd., S. 1614, 1632, 1664.
[37] Ebd., S. 2703.

Wenn hier die gegenwärtige Existenz als „Jetzt-Zustand" beschrieben wird, so bezeichnet diese Vokabel recht präzis ein Konzept, das in dem Roman durchgängig angelegt ist und wie der Möglichkeitssinn auf der Folie Musils gelesen werden kann: die Figuren wechseln vom einen in den anderen Zustand, und wenn es auch stets mehr als nur einen einzigen „anderen Zustand" gibt, so besteht doch durchaus eine Wesensverwandtschaft mit jener Existenzform namens „anderer Zustand", nach der Musils Mann ohne Eigenschaften Ulrich strebt. Der Unterschied ist nur: die Figuren von Marianne Fritz erstreben nicht den anderen Zustand, sondern sie gleiten hinein, ohne daß ihr Wollen dabei eine große Rolle spielte. August Null wird einmal beschrieben: „Und war unmerklich vom Schönen Traum, er sei ein Schaf, hinübergeglitten und hinein in diesen Zustand halb wach ich, halb träum ich, halb bin ich und halb wähne ich mich, zu sein: eh nicht"[38].

Die Vokabel vom „Zustand" fällt nicht nur in Zusammenhang mit August Null, sondern sie tritt zur Kennzeichnung aller wesentlichen Figuren auf. „Vogelfreier; das ist ein Zustand, weiter nichts"[39], so bekommt Johannes Null zu hören, und er selbst wiederum begreift das endgültige Los, auf das er zugleitet, als Zustand: „wahrscheinlicher es war [...], dies war jaschongarnicht der Tod, der auf ihn zukam, wie er als Tod zukam auf... faßte dies am besten auf als eine Art – Zustand, das war er; ein Zustand."[40] Auch Pepi Fröschls Phantasien, seine Frosch-Existenzen, werden ausdrücklich als ein Zustand bezeichnet[41]; andererseits heißt es, wenn Pepi und Johan-

[38] Ebd., S. 1844.
[39] Ebd., S. 499.
[40] Ebd., S. 247.
[41] Ebd., S. 2909.

nes ihre Wahnwelten überwinden: „Waren Sie hinübergewachsen wieder in einen anderen, den üblichen, den brauchbaren Zustand, wo man miteinander wieder reden konnte normal und nicht alles derartig – – –"[42]. Als ‚eigentlicher', als ‚wahrer' Zustand läßt sich bei alledem keiner mit hinreichender Sicherheit bezeichnen, auch der „brauchbare" nicht; der im Sinne des Möglichkeitssinns produktivste ist jener, der dem Pragmatiker keineswegs als „brauchbarer" gelten muß, nämlich jener, in dem die Folge aller Zustände, aus denen das Individuum besteht, zusammenfällt:

> Als wäre es Gegenwart, als geschähe es jetzt und selbst der Zustand, in dem er sich damals befand, er kehrte wieder, war wiederherstellbar, so, als wäre es nicht längst Vergangenheit, unwiederrufbar und verschollen er selbst, sich auflösen, wenn Er nicht kam, wiederkehrte, dann war es das Beste. Nie gewesen, nie gefehlt.[43]

Die Formulierung am Ende dieses Zitats haben wir schon einmal gehört; sie steht noch an anderer Stelle von *Dessen Sprache du nicht verstehst*, dort ergänzt um ein „nie geboren nie gestorben" und gefolgt von der rhetorischen Frage: „War es nicht, besser wenn man ging, wenn man erkannte den eigenen Lebensentwurf als doch alles Mögliche"[44]. Was befremdet an diesem Satz, das ist die Vokabel vom „Lebensentwurf"; gelebtes Leben und erlittenes Leben ergibt sich, wie *Dessen Sprache du nicht verstehst* unerbittlich zeigt, nicht aus selektiven Vorab-Entwürfen, sondern aus der Gesamtheit dessen, was geschieht. Die Frage, die sich am Ende stellt, ist daher

---

[42] Ebd., S. 508.
[43] Ebd., S. 509.
[44] Ebd., S. 692.

keine rhetorische und schon gar keine nach ursprünglichen Entwürfen; die Frage, die sich am Ende stellt, lautet einfach: „Was war nur geschehen. Dies war doch alles möglich gewesen, ihrer Nichtgeschichte zum Trotz möglich.“[45] Wieder fällt die Vokabel von der Nichtgeschichte als einer speziellen Form der potentiellen Geschichte. Die Geschichte, die für Johannes (und für Pepi) möglich sein sollte, sie wird von der Macht des Faktischen, von der Brutalität des Determinismus unterdrückt. Der heilige Josef muß die Rolle des Deterministen spielen, und er widerspricht der Nichtgeschichte:

> Nein, Johannes. Du willst nicht alles wissen, was du weißt. Ich kenne den Zustand, es ist ein Zustand. Es ist die närrischste aller närrischen Hoffnungen: Ein Wissen, dem man verweigert den Glauben es könnte dann sich auflösen als Hirngespinst, sich erweisen der Glauben als die stärkere Macht, das Nichtglaubenwollen dessen, was man weiß. Ich kenne diesen Betrug, diesen Spielen mit Karten, die gezinkt sind von der Hoffnung, es könnte anders sein, ganz anders und man weiß: ganz bestimmt falsch, Irrtum ist man selbst![46]

Das aber ist nur die eine Seite. Der anderen hatte der heilige Josef kurz zuvor erst zur Sprache verholfen, und dies ist die Seite, die Johannes seinen Möglichkeitssinn gewährt:

> Du bist vogelfrei, jeder kann mit dir sprechen, Holz wie Eisen, Tote wie Felsen, Wasser wie Schnee, Tiere wir Gold, Eiskristall wie Kristallbecher, Diamanten

[45] Ebd., S. 3185.
[46] Ebd., S. 3196.

> wie Sandkorn. Alles kann mit dir sprechen, du bist vogelfrei.[47]

Johannes Null ist der Vogelfreie, und das heißt, daß er einen hohen Preis zahlen muß für die Verweigerung des Realitätssinns; da er aber bereit ist, ihn zu zahlen, darf er sich außerhalb der Grenzen des Faktischen stellen. „Alles kann mit dir sprechen“, sagt der heilige Josef, und dieses Können bezeichnet eben die Potentialität uneingeschränkter Wirklichkeiten, ein hypothetisches Leben: Vogelfreiheit ist jener Zustand, in dem es einen Ausschluß von Möglichkeiten nicht gibt, auch keine Denunziationen mit Hilfe der Vorsilbe ‚un-‘. Und Vogelfreiheit ist nicht zuletzt der Zustand einer Utopie, die das Geschehene zurückzudrehen sucht:

> Es gab Schlimmeres, als sich kindisch gern erinnern an einen tanzenden und eigentlich glücklichen Priester. Zeit stehe still, genaugenommen, Zeit drehe dich zurück und stehe dann still, eile nicht weiter hinein in den Krieg, Zeit stehe zurückgedreht still und schreibe dir andere Fortsetzungen, Pepi Fröschl hörte ihn, als wäre es Jetzt, als wäre es lächerlich tötende Männer, dies waren die Helden, einander liebende Männer, dies war die Unnatur. Möglich, daß er sich mit seiner Unnatur mehr eins fühlte, als mit jener Natur, die sich aufraffen sollte und verkündigen von der Kanzel her das Wort seines Bischofs[48]

„Alles kann mit dir sprechen“, sagt der heilige Josef, und das meint die von Marianne Fritz in ihrem Roman großangelegt ins Werk gesetzte (Un-)Möglichkeit, Geschehen und Nicht-Geschehen, Sprechen und Stummsein,

---

[47] Ebd., S. 3192.
[48] Ebd., S. 3038.

Gestik und Erstarrung und Konkreta und Abstrakta als Sprache aufzufassen und in Sprache zu verzeichnen. Die Sprache in *Dessen Sprache du nicht verstehst* ist kein Instrument des diskursiven Mitteilens; vielmehr wird sie zum Subjekt gestisch-mimisch-mimetischen und analogisierend-gleichnishaften Nachbildens. Gar nicht zu überschätzen ist die Bedeutung der Warnung: „schlage mir die Worte nicht tot, indem du sie verwendest NUR als Worte“[49] – wie überhaupt die Kategorie des „nur“ stets dem Möglichkeitssinn entgegenwirken muß. Die „Friedhofsmauern des Nurgeschichtlichen“ beispielsweise, mit der das erste Kapitel von „WER HÖRTE MICH DENN, WENN ICH RIEFE“ überschrieben ist, sind Friedhofsmauern nicht wegen des Geschichtlichen, sondern wegen des einsperrenden „nur“, das nichts als den Acker der (und des) Toten existieren läßt: hier ist alles leblos, faktisch, pedantisch. Gegen die Nur-Geschichte setzt Marianne Fritz ein Bemühen um die Vor-Geschichte und die Vor-Geschichten; analog dazu wäre in ihrer Spracharbeit das Bemühen zu sehen, unter dem Nur-Sprachlichen jene Vor-Sprache neu aufzubauen, die sich der Eindeutigkeit entzieht und im Grunde eine nonverbale Sprache ist. War Musils Protagonist Ulrich auf der Flucht vor den Eigenschaften, so ist dies bei Marianne Fritz die Sprache: sie will nicht eine Sprache der Eigenschaften, sondern die der Möglichkeiten sein; sie sperrt sich gegen alle Versuche, sie zu fixieren und in ein starres Regelkorsett zu zwingen. In diesem Sinne ist bei Marianne Fritz der Musilsche Möglichkeitssinn auf den eigentlichen Protagonisten von *Dessen Sprache du nicht verstehst* übergegangen, eben auf die Sprache selbst – in welchem Ausmaß und in welcher Konsequenz dies der Fall ist, müßte allerdings erst die

---

[49] Ebd., S. 2778.

linguistische Detailanalyse zeigen, die an dieser Stelle nicht zu leisten, allenfalls anzuregen ist.

Naturgemäß I
Zweiter Lektürebericht zu Marianne Fritz

> Ich würde empfehlen: Der kluge Rezensent sagt ein Jahr lang gar nichts. Er sagt nur, daß es so etwas gibt.
>
> Arno Schmidt 1970

Als 1985 der Großroman *Dessen Sprache du nicht verstehst* von Marianne Fritz erschien, gab es in der Presse eine ganze Reihe ziemlich oberflächlicher Vergleiche mit Arno Schmidt, meist einfach des bloßen Umfangs wegen, und man mußte befürchten, daß sich solche Vergleiche angesichts des Nachfolgeromans *Naturgemäß I* wiederholen würden – und dann wieder aufgrund von Oberflächlichkeiten, beispielsweise der Tatsache, daß der Verlag das Werk aus Bequemlichkeitsgründen als Faksimile des Maschinenskripts herausgebracht hat. Um so wichtiger ist es, gleich vorab darauf zu beharren, daß solche Vergleiche eher in die Irre führen: Marianne Fritz hat mit Arno Schmidt nicht wirklich etwas zu tun. Das Motto dieses Lektüreberichts – Arno Schmidt tat seinen Ratschlag gegenüber einem *Spiegel*-Reporter nach der Publikation seines Riesenromans *Zettel's Traum* im Frühjahr 1970 – hat denn auch einen anderen Anlaß – eben einen äußerlichen. Falls Schmidt mit diesem Ratschlag recht gehabt haben sollte – Zweifel daran sind allerdings erlaubt –, so müßte er für *Naturgemäß I* erst recht gelten, denn verglichen mit *Naturgemäß I* ist *Zettel's Traum* geradezu simpel strukturiert und leicht zu durchschauen, wenn nicht sogar nachlässig gebaut. Hier also nochmals Arno Schmidts Satz, angewandt aber auf *Naturgemäß I*: „Der kluge Rezensent sagt ein Jahr lang gar nichts.“

Wenn man diesen Satz ernstnimmt, dann ist der folgende Lektürebericht schon disqualifiziert, denn als er geschrieben wurde, war es noch nicht einmal ein halbes Jahr her, daß *Naturgemäß I* erschien, und keineswegs soll im folgenden ein Verstehen des Buches vorgeschützt werden. Das Buch – oder besser gesagt: die fünf Bände mit insgesamt über 2000 Seiten Text, aus denen *Naturgemäß I* besteht – habe ich bisher nur einmal gelesen, und diese eine Lektüre reicht nicht im mindesten aus, um auch nur die Illusion aufkommen zu lassen, man würde wenigstens annähernd alles durchschauen.

Es läßt sich kaum leugnen, daß sich der Leser bei dieser Lektüre über weite Strecken ziemlich verloren vorkommen muß in diesem Text und daß er oft keinerlei Orientierung hat, wie das, was er gerade liest, mit den anderen Textteilen zusammenhängt. Solche Orientierungsschwierigkeiten lassen sich zum Teil mit dem Umfang des Werks erklären, denn auch beispielsweise in einem viktorianischen Romanwälzer kann man schon mal leicht die Figuren verwechseln und die verschiedenen Erzählstränge durcheinander bringen, doch da liegt das dann einfach an den Aufmerksamkeitsschwankungen, also primär an der Schläfrigkeit des Lesers und nicht so sehr am Gelesenen. Bei *Naturgemäß I* ist das anders: hier ist die häufige Desorientierung des Lesers strukturell im Werk angelegt; hier ist sie sozusagen Erzählstrategie; hier hängt sie mit der intendierten Komplexität nicht nur des Werks, sondern auch der Zugangsmöglichkeiten zusammen. Dieses Werk will nicht leicht verdaubar sein.

In der unvermeidlichen Verwirrung am Ende der Lektüre dieser 2000 Seiten kann man sich mit Fug und Recht sogar fragen, ob man das Riesenwerk überhaupt auf die richtige Weise gelesen habe – in der richtigen Abfolge, heißt das. Einen Roman liest man üblicherweise Seite für Seite und Zeile für Zeile von vorne nach hinten, und so hat es zumindest jener Leser, der hier Bericht erstattet, in diesem Fall auch gehalten – weitestmöglich, wie hinzuzusetzen ist, denn immer wieder führt ein solches Vorgehen zu immensen Problemen: immer wieder splittet sich ein Wort, eine Zeile oder eine Passage in „Bruchzeilen“ auf, die sich natürlich nicht gleichzeitig, sondern nur nacheinander lesen lassen; immer wieder wird man, wenn Marianne Fritz zwei in sich jeweils konsistente Textstränge durcheinander montiert, der Versuchung nachgeben, diese konsequente Parallelführung wieder aufzuheben, ein paar eingeschobene Zeilen zunächst zu überspringen und sie dann nachzuholen, denn die Simultaneität des Textes und das Orientierungsbedürfnis des Lesers kommen sich ständig ins Gehege.

Aber solche kleinen Verstöße gegen die Seiten- und Zeilenfolge sind nur Kinkerlitzchen; muß man nicht vielleicht noch weiter gehen, um die einzelnen Textschichten recht würdigen zu können? Die schon erwähnten Aufmerksamkeitsschwankungen nehmen leicht überhand, wo eine Textschicht nach wenigen Seiten, nach einem Absatz, manchmal nach wenigen Zeilen abgebrochen und von einer anderen verdrängt wird, die ihrerseits kurz darauf wieder wegtaucht. Muß man nicht, um da den Überblick wenigstens innerhalb der einzelnen Textschichten behalten zu können, die fünf Bände auftrennen, die Buchseiten in ihre Teile zerschneiden und alles neu sortieren, um dann jede Schicht für sich lesen zu können? (Natürlich ist das schon allein deshalb praktisch nicht durchführbar, weil die Seiten beidseitig bedruckt sind – vergessen wir das für den Moment einmal.) Muß man nicht, anders gesagt, als erstes die zunächst unzugänglich scheinenden Bauprinzipien außer acht lassen, jedes Bauteil für sich würdigen und erst am Ende alles wieder zusammensetzen und dann der Funktion der Bauprinzipien nachspüren?

Um es vorwegzunehmen: für einen zweiten und eventuelle weitere Lektüredurchgänge wäre wohl tatsächlich zu empfehlen, die verschiedenen Textstränge einzeln herauszulösen und in jenem Zusammenhang, den das Werk, so wie es vorliegt, verweigert, zu lesen, aber für die *Erst*lektüre ist die von-vorne-bis-hinten- und die Zeile-für-Zeile-Strategie, halbwegs konsequent verfolgt, gewiß die richtige: *Naturgemäß I* tritt uns nun einmal in dieser Gestalt entgegen und will auch in dieser Gestalt bewältigt werden. Wenn wir zunächst kaum etwas verstehen, wenn wir vor allem die Zusammenhänge nicht so rasch durchschauen, so gehört dies einfach zur Funktionsweise des Fritzschen Großprojekts, das sich eben gegen den leichten Zugriff des Lesers sperrt – das, um zu einer hier angemessenen Terminologie zu greifen, der Belagerung durch das Sinn- und Verstehensbedürfnis des Lesers sehr lange standhält.

Angemessen ist diese Terminologie von Belagerung und von Standhalten, weil alles, was Marianne Fritz bisher geschrieben und veröffentlicht hat, und eben auch *Naturgemäß I* einem übergreifenden Projekt namens *Die Festung* angehört; angemessen ist diese Terminologie ganz besonders, weil sich die spezifische Form des Festungsthemas bei jenem Schritt, der zu dem neuen Werk führte, auf eine Weise verändert hat, die offenkundig auch eine Konkretisierung bedeutet. In *Dessen Sprache du nicht verstehst* stand der Begriff der Festung vornehmlich für die Irrenanstalt zu Donaublau, in der sich mehrere der Protagonisten befinden. *Naturgemäß I* hingegen ist ein literarisches Festungsprojekt im ursprünglichen, im militärischen Sinne, und wenn es die Hauptaufgabe einer Militärfestung ist, sich den Zudringlichkeiten und Einnahmeversuchen des militärischen Gegners zu widersetzen, so ist auch das ein Grund für die zunächst so abweisende, so hermetisch scheinende, so unzugängliche Textgestalt des Fritzschen Romans. Wer sich die sehr lohnenden Mühen der Lektüre macht, wird aber bald mit etlichen weiteren Facetten des Festungsthemas vertraut werden.

Aber versuchen wir zunächst einmal, einen Zugang zu dieser Textfestung zu finden, indem wir nach Orientierungsmarken im Sinne der klassischen Definitionskategorien Zeit, Ort, Handlung und Figuren Ausschau halten. Wenn im folgenden ein paar solcher Orientierungsmarken gesichtet werden, so ist das gewissermaßen ein sehr oberflächlicher – und oberflächlich sortierter – Schnelldurchlauf durch den Text, denn all diese Wegmarken muß (oder darf) der Leser sich während der Lektüre erst mühsam zusammenklauben. Man sollte deswegen aus den folgenden Aufzählungen nicht den Eindruck zu gewinnen, der Text selber breite das in solcher Gedrängtheit aus. Im Gegenteil: der Text verschließt sich erst einmal, und wenn wir mit unseren der Orientierung dienenden Fragen – Wann? Wo? Wer? Was? Warum? – in den Text hineingehen, so schallt zunächst überhaupt nichts Antwortähnliches zurück.

Noch am einfachsten zu klären ist die Frage nach dem Wann, also nach der Zeit, wenngleich sich auch zeitlich mancherlei übereinander legt. Kardinaler historischer Bezugspunkt von *Naturgemäß I* ist das Jahr 1914, doch die Fäden, die sich hier schneiden, laufen aus Vergangenheit und Zukunft zusammen: von 1648 über 1846 ebenso wie von 1386 über 1575/76; ein mächtiger

Fadenstrang läuft aus dem Frühjahr 1915 zurück in den August des „Vierzehner Jahrs"; selbst das Jahr 1991 trägt noch etwas bei. Undsoweiter, wie man zu sagen nicht versäumen sollte.

Wenn im Mittelpunkt des Zeitengefüges – quasi als Fokus der Zeitperspektiven – das Jahr 1914 und speziell der August jenes Jahres steht, dann sollte auch schon klar sein, was das Thema des Romans ist und was geschieht: Es geschieht der Krieg. Mann „marschiert. Marschiert. Marschiert." Die Toten haben das Sagen und „der Rest" hat „das Schweigen"[1]; „vater!landslose Gesellen"[2] sind unterwegs; die „Fre-Gle-Brü-Bewegung"[3] zieht den Kopf ein; die „Totmacher Gottes, Kaisers, Vaterlandes"[4] schleichen umher. „So roh sind die Menschen. Du glaubst es nicht."[5] Es geht um „Menschenmaterial"[6] und um das Maschinengewehr als „rationelle Seelenpflückmaschine Gottes"[7] und um „Unterwerfungsspezialisten"[8] und die „Heldwerdung"[9]; es geht aber

---

1 Marianne Fritz, *Naturgemäß I. Entweder Angstschweiß / Ohnend / Oder Pluralhaft* (5 Bände, Frankfurt a.M.: Suhrkamp 1996), S. 69. Ich verwende grundsätzlich von den mehreren Seitenzählungen, die sich in diesem Werk finden, nur die *Gesamt*zählung (jeweils rechts oben von Marianne Fritz angegeben). Die jeweilige Bandnummer gebe ich nicht an – nicht nur, weil die Bände fortlaufend paginiert sind, sondern auch, weil die Bandeinteilung nicht von der Autorin stammt, sondern vom Verlag nach reinen Quantitäsgesichtspunkten vorgenommen wurden; zum Teil erfolgt die Bandteilung sogar mitten im Satz. Dies ist leider symptomatisch für die völlig lieblose Art und Weise, in der der Verlag dieses Werk präsentiert.

2 Ebd., S. 107.

3 Ebd., S. 221.

4 Ebd., S. 565.

5 Ebd., S. 445.

6 Ebd., S. 1723.

7 Ebd., S. 1735.

8 Ebd., S. 270.

9 Ebd., S. 198.

auch um Schulunterricht und eine Frau in den Wehen; es geht um die 29 Bienengattungen und um „die Arschlochfrage samt Schwanztanzfragen“[10] und um die sieben Sorten Schmerz. Es geht vor allem um die bruchstückhafte „Wiederkehr des Nichtmehrgleichen“[11], und was geschieht, das ist immer auch der „Buchstabenflug“[12]: was geschieht, das ist die außer Rand und Band geratene Prosa von Marianne Fritz, der sich der Leser bedingungslos überlassen muß, will er die Chance haben, sie durchzustehen.

Das Chaos, mit dem uns diese Prosa zumindest auf den ersten Blick gegenübertritt, hat unmittelbar etwas mit dem Thema des Krieges zu tun, der eben auch Chaos ist – der das Zusammenbrechen aller Weltordnungen, aller Erklärungsversuche, aller Verdrängungsmuster ist. „Im Grunde“, so hat Marianne Fritz über *Naturgemäß I* formuliert, „wird das Kollektivgeschehen namens Krieg vollkommen in die Sprache hinein verrückt, auf eine Weise, daß der Lesende seine Unschuld wieder bekommen kann, er ‚erfährt‘ den literarisch aufgehobenen Krieg als das ganz andere“[13]. Und über dieses Andere, dem wir wehrlos ausgesetzt sind, und seinen Zusammenhang oder Nichtzusammenhang mit den Individualgeschichten, die vom Krieg ausgelöscht zu werden drohen, sagt Marianne Fritz:

> Welche Potenzen müssen schon in den Individualgeschichten eingelagert sein, daß sie zusammenschießen ‚können‘, relativ rasch, zum ‚kollektivgeschichtlichen Hexenmeister‘. – Ist unsere Art des

---

[10] Ebd., S. 1069.
[11] Ebd., S. 531.
[12] Ebd., S. 57 u.ö.
[13] Marianne Fritz, zitiert nach der Suhrkamp-Verlagsvorschau für das 2. Halbjahr 1996, S. 12.

> Begreifens und Verstehens nicht sublime Verdrängungsgeschichte, wenn das kollektivgeschichtliche Ereignis namens ‚Krieg‘ nicht der Hexenmeister par excellence ist, wer ist es dann? Ihm gegenüber sind wir, geradezu unheimlich hilflose Zauberlehrlinge, seinen mörderischen Folgerichtigkeiten unterworfen bis zum Gehtnichtmehr. – Was alles verschwindet im Kollektivgeschehen, das wir mit der Begriffszange ‚Krieg‘ aufheben können...[14]

Naturgemäß I ist der literarische Versuch, diesen Unterwerfungsprozeß, der die Individualgeschichte unter der Dampfwalze namens Krieg verschwinden läßt, in Sprache abzubilden – aber *Naturgemäß I* versucht gleichzeitig doch auch, diese verschüttete Individualgeschichte zumindest bruchstückhaft immer wieder einzubinden in die Walze:

> Ich kann allerdings etwas, was der Krieg gleichsam ‚ausradiert‘, flüchtig aufscheinen lassen. Es ist das Besondere, Individualgeschichte, das im Kollektivgeschehen Krieg mehr oder weniger ‚gelöscht wird‘ bzw. schon gelöscht ‚ist‘. – Wie diese Figuren zu ‚be‘-deuten sind, es sagt niemand und doch sind sie ‚da‘, kurz, das Thema schwindet, jegliches Thema scheint in *Naturgemäß* dem Verhängnis zuzustreben, sich nicht im Textgeschehen ‚behaupten zu können‘.[15]

Wenn, wie Marianne Fritz sagt, die Figuren nicht zu „‚be‘-deuten“, also nicht mit Bedeutung zu versehen sind, so heißt das für uns als Leser zunächst einmal, daß wir die Figuren einfach hinnehmen müssen, wie sie sind,

---

[14] Ebd.
[15] Ebd.

das heißt so, wie diese Prosa sie vor uns hinstellt – sei es als realistische, sei es als mythologische Figuren, sei es als typische, sei es als archetypische Gestalten, sei es als irgend etwas dazwischen. Es sind dies oft ausgesprochen seltsame, ausgesprochen unzugängliche Figuren, wie etwa die sogenannten „Weisen“. Auf das Konto dieser Weisen gehen „überflüssige Erfindungen“[16], nämlich Schreckstarre, Furcht, Panik und Angst. Nun haben diese vier „das Wüten“, und zwar in den Köpfen der e. Die „überflüssigen Erfindungen“ werden wie Blitz, Riesen mit Fels, Schatten und Nebel zu Kobolden der vier e, und diese vier e heißen e Umweg, e Brandfleck, e Auftauchen und e Vorbehalt. Vorsprung Willensbrecher hingegen hat keinen Kobold nötig, Vorsprung Willensbrecher glaubt sogar, er sei schrecklicher als Fass-ad und fürchterlicher als was-er-tat. Das freilich kann nicht sein, denn Fass-ad und was-er-tat gehören wie der Weiße Adler und die Tatze des Bären zu den „Grauenhaften Vier“[17], und Fass-ad ist Herr über die „schrecklichen e“: ihn fürchtet sogar „einer wie Block-ad“[18]. Andererseits kann es geschehen, daß Fass-ad zum „zuverlässigen Untertan“ von was-er-tat wird, und was-er-tat ist gleichsam „der unsichtbare Festungsplan“[19]. Der Festungsbauer hingegen ist drei-zu-drei. Und wie verhält sich „Liebe unwandelbare Starre von Weißglut“ zu Fass-ad? Wo kommt Krachtiwuzelpotz ins Spiel, der doch so mächtig ist, „daß Gott vor Krachtiwuzelpotz dastand, als wäre sein Leib Eigentum von Krachtiwuzelpotz“[20]? Wie kommt es, daß der Zeitgott, der „Fürs Verwirrung stif-

---

[16] Fritz, *Naturgemäß I*, a.a.O., S. 51.
[17] Ebd., S. 1671.
[18] Ebd., S. 299.
[19] Ebd., S. 32.
[20] Ebd., S. 422.

ten“[21] zuständig ist, ebenfalls zum Kobold von e Umweg wird, sobald der ihn aufspürt? Die Hierarchien und die Machtfragen sind nicht nur für uns, die hilflosen Leser, durchaus ungeklärt, selbst auf der Ebene der bisher genannten Protagonisten schon – wenn sie denn zu einer einzigen Ebene gehören.

Und Marianne Fritz hat ihrem Riesenwerk *Naturgemäß I* noch verwirrend viele andere Figurenebenen einbeschrieben, auf denen wir wieder anderen Protagonisten begegnen. Da sind beispielsweise jene Figuren, die wir bereits aus dem vorherigen Werk *Dessen Sprache du nicht verstehst* kennen: die Familie Null aus Nirgendwo mit der „Barbaraproblematik“[22] und dem Vogelfreien Johannes und dem Kirchturmschützen August; Pfarrer Pepi Fröschl und die Zeitung des Landes und August Mensch und der Rundum. Da sind aber auch Figuren wie der Hundekopf, der sich mit Erzbischof Schwein Jakob herumschlägt, und das Paar Kosmas & Damian und die Tochter der Füchsin, die sich das Steineweinen zugezogen hat, seit die Gräten lügen, und Boje der Rabe, „ein Amerika-Agent“[23], der als Boje verkleidet durchs Land geht. Zu den handelnden Figuren zählen die Würmer, für die die Menschen nichts als „portionierte Fleischstücke, verpackt in Uniform“[24], sind, ebenso wie Dr. Theodor Kann, dem vor jenem Wissen graut, dessen „UrSprungGeschichte“[25] im Dunkel liegt. Schließlich tauchen auch noch historische Namen in diesem Prosakosmos auf, von August von Platen über Schopenhauer

---

[21] Ebd., S. 594.
[22] Ebd., S. 188.
[23] Ebd., S. 968.
[24] Ebd., S. 1364.
[25] Ebd., S. 1763.

und Sandor Ferenczi bis zu einem erstaunlichen, wenn auch anagrammisierten „o-dorn-A“[26], der singt.

Ebenso verwirrend sind, um jetzt vom Wer zum Wo überzugehen, die Schauplätze. Die Insel Traum, auf der „kühne Sklaven“[27] frei sein können, liegt im Meer Nichts, doch offensichtlich befinden wir uns anderswo. Wir sind in einem „Zwischenraumland“[28], dem „Zwischenstromland von **Daisterja** und **Mögliche**“[29]; hier liegen drei große Städte namens Eiapopeia, Kleine Knospe, das Glück auf dem Stein. Andere Städte heißen So und Ist; So und Ist heißen aber auch Flüsse, die sich zum Soist vereinen und in den Mögliche fließen; So und Ist heißen außerdem Gebiete, ebenso wie Torso und Daisterja. Hinter Amendederwelt liegt eine Höhe namens Duwillstmichjagen; das Land des Chen und Lein wird vom Mögliche ebenso durchquert wie das Land der Tatze des Bären. Andere geographische Namen, teils schon aus Marianne Fritz’ vorherigem Werk bekannt, scheinen sich dieser Topographie nicht unmittelbar einzufügen, da sie in andere Zeiten verweisen: Donaublau ins Jahr 1846, das Reich am Duma ins Jahr 1648.

Wenn diese Aufzählung diversester Figuren und disparatester Ortsbestimmungen den Eindruck erwecken muß, wir hätten es hier mit einem riesigen Chaos zu tun, so ist dieser Eindruck ebenso richtig wie falsch. Richtig ist er, weil auf buchstäblich jeder Seite etwas Neues geschieht, weil die Ebenen so oft wechseln, daß wir nie auf jener Höhe des Textes sind, von der wir auch nur annähernd alles überschauen könnten; falsch ist der Eindruck, weil hinter diesem Chaos der Oberfläche, die

---

[26] Ebd., S. 456.
[27] Ebd., S. 22.
[28] Ebd., S. 134.
[29] Ebd., S. 163.

wir zu lesen kriegen, ein stringentes und hochkonsequentes Ordnungssystem steckt, an das wir jedes Textdetail zurückbinden könnten, wenn wir denn den Überblick der Autorin besäßen. Wollen wir diesen Überblick erlangen, so bleibt uns nichts anderes übrig, als dieses Riesenwerk immer wieder von neuem durchzulesen, unter wechselnden Gesichtspunkten und womöglich sogar in wechselnder Abfolge. Das ist natürlich allein des schieren Umfangs wegen schon unmöglich, und doch möchten wir uns wünschen, wir könnten zumindest an die Grenzen des Möglichen gehen.

Einem integrierenden Fokus des Textganzen auf die Spur kommen wir immerhin, wenn wir uns erneut auf das Festungsthema besinnen und bezogen darauf noch einmal – und noch konkreter – die Frage nach dem Wo stellen. In den verschiedenen Textschichten tritt die Festung unter verschiedenerlei Namen auf. Auf der quasi mythologischen Ebene der sprechenden Namen und der personifizierten Abstrakta heißt sie „die Unverwüstliche“[30] oder „Sintat“[31]; im gleichnishaften Mathematikunterricht einer weiteren Textebene erscheint sie als „eine vierseitige Pyramide von 90.000 Köpfen“, die Kaiser Timur auf den Trümmern des zerstörten Bagdad errichtet, und die Frage an die Schüler lautet: „Wie viel Schichten enthielt die Pyramide?“[32] Die Festung ist „Versteinerte Seelenlandschaft“[33], ist ein Bollwerk, das Pepi Fröschl in Johannes Null errichten will „gegen seine UNNATUR“[34], ist ein Wall, „aus dem Jahre 1492 kommend“[35], und wird immer wieder bezeichnet als der

---

[30] Ebd., S. 42.
[31] Ebd., S. 41 u.ö.
[32] Ebd., S. 180.
[33] Ebd., S. 732.
[34] Ebd., S. 684.
[35] Ebd., S. 710.

„Nabel der Welt“, der Ort, an dem wir in Pluralhaft oder in Schmerzhaft oder in Bewegungshaft eingekerkert sind. Und dann fällt doch auch ein historisch-geographischer Name für diesen Nabel: „Przemysl“[36]. Przemysl ist eine ehemals österreichisch-ungarische Festung; in den Jahren 1914/15 war sie heftig umkämpft; heute gehört sie zu Polen. Es könnte sich nun durchaus lohnen, diese außerfiktionale Festung mit jenem innerfiktionalen Gelände des Fritzschen Romans zu vergleichen, auf dem sich der Doppeladler und die Tatze des Bären, die Weißen und die Erdfarbenen, Leber und Herz, Haß und Liebe gegenüberstehen: offensichtlich hat sich Marianne Fritz im ganz konkreten Sinne an dieser Topographie und speziell am Bauplan der Festung Przemysl orientiert. Die Symmetrien und Asymmetrien und die geometrischen Proportionen, nach deren Gesetzmäßigkeiten Marianne Fritz ihre diversen Erzählschichten gegeneinandermontiert und übereinanderlegt, richten sich offenbar nicht nur an der Windrose, die häufig im Text selbst als Strukturhilfe abgebildet ist, sondern eben auch an der Festungsarchitektur aus.

Es gibt Passagen in diesem Roman, in denen wir über Seiten mit strategischem Fachjargon aus den Dienstanweisungen und Heeresberichten von Kriegern und Festungsbauern traktiert werden, und solche Termini wie Ausfall, Durchbruch, Festungsring und Sprengung zeugen im Analogieschluß Textschichten, die direkt kaum mit dem Festungsthema zu tun zu haben scheinen: sexuelle Penetrationen oder der Austritt des Kopfes eines Kindes aus dem Muttermund einer Gebärenden dienen der Abarbeitung einschlägiger Wortfelder und -familien. Weitaus folgenreicher ist aber die Umsetzung der strategischen Abläufe in konkrete Textoberfläche: „Ausfäl-

---

[36] Ebd., S. 398.

le“ ergreifen das Wortmaterial, machen das Erdenleben zum „Er(den)leben“[37] und das Komplott zum „Kompott“[38] und den Leibhaftigen zur „Leibhaft“ oder – als Teufel – zu Mutationsformen à la „Teuf“, „Leu“, „Tel“, „Tufe“[39]. Das, was hier stattfindet, ist womöglich die „Rache der Sprache“[40], genauer: die Rache des Sprachmaterials. „Nabel“ und „Nebel“ haben auf der diskursiven Ebene wenig miteinander zu tun, stiften durch ihre klangliche Nähe in dieser Prosa aber großflächig Zusammenhänge, deren textuelle Umsetzung zwischen mythologisierendem Sprechen und einer Art konkreter Poesie eine Vielzahl sich wandelnder Sprechweisen erfährt.

Vor allem stecken in den Worten auch Orte: *Naturgemäß I* ist in bisher ungekanntem Maße eine topographisch-archäologische Schichtenprosa. Die Festung kennt keinen immerwährenden Zustand, sondern ist das wiederum veränderbare Ergebnis jahrhundertelanger Ergänzungen, Umbauten, Zerstörungen und Wiederaufbaumaßnahmen. Wie die Festung aus Einzelschichten besteht, die sich im historischen Ablauf übereinander abgelagert haben, so ist auch die Prosa der Marianne Fritz in *Naturgemäß I* eine Schichtungsprosa: die oft fragmentarisierten Ebenen verschiedener Erzählstoffe, Diskurse und Zeiten legen sich als ein Schichtengefüge übereinander – nicht als *die*, sondern als *das* Geschichte von Text und Festung. In dieser Textfestung ist der historische Ablauf zu einer archäologischen Ablagerungsfolge verschiedenster Sedimente, zu einer monumentalen

---

[37] Ebd., S. 188.
[38] Ebd., S. 882.
[39] Ebd., S. 1654.
[40] Ebd., S. 1242.

„Schichtfolge", einem „Schichtenstapel"[41], einem Geschichts- und Geschichtenschiefer aufgetürmt. Wenn wir diesem Gefüge zu Leibe rücken wie in einem Steinbruch, so können wir buchstäblich alles entdecken, was durch die Jahrhunderte hindurch gewesen ist: versteinerte Vorgeschichte und eingeschlossene Erzlager; die Geschichte der Festung selbst wie die Geschichten ihrer Verteidiger und Belagerer; vor allem natürlich die nichtendende Abfolge von Haß und Krieg, von Tod und Gewalt. Nicht zuletzt stecken in den Sedimentschichten der Festung die verlorenen Geschichten jener Dörfer, die „vom Militär zwecks besseren Aussichtsverhältnissen und dergleichen militärischen Überlegungen zum Verschwinden gebracht worden sind, als wären sie nie gewesen."[42]

Dieses Schichtenprinzip bestimmt den Roman *Naturgemäß I* strukturell, aber einmal, gegen Ende des Textes, kommt es auch thematisch an die Textoberfläche. In einer Textschicht mit dem Titel „Die Hände von Cyrill Luft" erleben wir diesen Cyrill als Schüler, und was er zu büffeln hat, das ist eben unter anderem ein Schichtenmodell. Das folgende längere Zitat ist ein Teil dieses Abschnitts, wobei allerdings selektiv zitiert und vieles von dem weggelassen wird, was das, worum es hier gehen soll, überlagert: auch der Schüler Cyrill wird nämlich von Aufmerksamkeitsschwankungen heimgesucht, und so dringen in die Besprechung des Themas „Erdschichten" andere Gedankenschichten ein, die an dieser Stelle ignoriert seien. Der Abschnitt „Die Hände von Cyrill Luft" setzt – wie vieles in diesem Text – recht unvermittelt ein:

---

[41] Ebd., S. 1047.
[42] Ebd., S. 1673.

In diesem Falle können wir von der >konkordanten Schichtung< ohne Zweifel sprechen oder von einer >Parallelschichtung<. Wo war das ‚denke einer' aufgehoben, in welchem ‚denke einer' kamen Anfang der Siebziger Jahre Erwägungen der Art zum Durchbruch, sodaß sie einen Schüler aus **V o r** bewegen könnten, die Zeit bis zum letzten Zeugnis durchzustehen ? Für solche Überlegungen wäre Cyrill/er bereit gewesen, es mit heroischen Wesenszügen zu versuchen. [...] Ob nun in Sedimenten, ob nun in vulkanischen Ergüssen, ‚denke einer' oder ‚denke einer nicht', an Tuffe, das Ergebnis einer natürlichen Ablagerungsfolge zustandekommen kann, ob nun durch >Schichtung< Gefügeflächen in Gesteinen entstehen können, Cyrill/er wäre dem Charme solcher Überlegungen ohne Verzögerung erlegen [...]. Die obere von zwei Schichten bezeichne einer als >Das Hangende<, geradezu erlöst hätte einer solchem Vortrag gelauscht, die da>runter< liegende Schicht bezeichne einer als >Das Liegende<. [...] es ist nämlich so, setzen über einer Schichtfolge die darunterliegenden Gesteine den Schichtenstapel, nicht in einfacher Lagenfolge fort, sind vielmehr die überlagernden Schichten von einer bestimmten Grenzfläche an schräg aufgesetzt, hat er sofort das richtige Wort gefunden, denn in der Tat ist es so, spricht in einem solchen Falle einer von >Diskordanz< und sinngemäß von diskordanter Lagerung, wie sie, denke einer, bei Änderung der Sedimentationsbedingungen, bei tektonischen Verstellungen eines Schichtstoßes und an-schließ-end-er Überlagerung durch neue, horizontale Sedimentfolge zustandekommt [...] Akkurat an der Eintrittsstelle eines strömenden Gewässers in einen See muß es mir geschehen, ich törichtes Grobsediment, wie komme ich dazu, mir meinen Sonder-

> fall erhellend erläutern zu lassen, gerade an der Eintrittsstelle sei es geschehen, an der Eintrittsstelle eines strömenden Gewässers in einen See muß ich plötzlich meine Transportkraft einbüßen und den Schotter in schräger Lagenfolge ausfallen lassen, muß ich >primäre Schrägschichtung< sein, weiß der Steingott, wie diese plötzliche Transportkrafteinbuße sich auszuwirken vermag. Werfe dem Schotter einer nicht vor, was schon kein Sand besser zu lösen vermag, es liegt an der Transportkraft, justament an der Eintrittsstelle, beginnt sie zu versagen.[43]

Es geht noch eine Weile so weiter, mit Begriffen wie „Facielle Unterschiede“, „grobe Deltaschüttung“, „Diagonal- oder Kreuzschichtung“, „Erosion“, „Ausbiß“, „sekundäre Bankung“, „klüfte“, „Reibungswiderstand“, „Legierung“ und so fort, und wenn man möchte, kann man zu allen diesen Fachbegriffen Entsprechungen im Schichtungsgefüge der Texttektonik von *Naturgemäß I* suchen.

Ein weiterer Aspekt des Schichtenprinzips ist, daß sich auch Umschichtungen im Kopf vornehmen lassen, daß da also Dinge durcheinandergeraten und vertauscht werden. Ein gewisser Kuhfuß, auch „der Totmacher Kuhfuß“ oder „der sonderbare Totmacher“ genannt, erinnert sich kurz vor Ende des 4. Bandes an eine „Hölle im dichten Nebel“, der er, „dem die Waffe abhanden gekommen war“, „trotzdem entkommen“ ist:

> Ein anderes Mal war das gewesen, doch sein Kopf hielt sich nicht an die Reihenfolge der Ereignisse: Sein Kopf schichtete um, ließ die Ereignisse förmlich ineinander verschwimmen, sodaß die wetternde Stimme des Todes im dichten Nebel gleichzeitige Wirk-

---

[43] Ebd., S. 1942-1948.

> lichkeit war, um die Wette zu rattern schien mit dem Tod, der aus der Baumkrone heraus geschossen: kam.[44]

Schon an diesem kurzen Zitat ist erkennbar, daß das Schichtungsprinzip kein leerlaufendes Prinzip ist, daß es sich vielmehr nur anhand von Stoffen, anhand von Geschichten (und seien sie noch so sehr verzerrt und fragmentarisiert) verwirklichen läßt. Eine riesige Fülle von Geschichten, deren Mitteilungsformen von standardisierten Spitzelberichten bis zu Liedern und Legenden reichen, hat Marianne Fritz in ihre(e) Festungsgeschichte verwoben – eine Fülle, die niemand bei der ersten Lektüre auch nur annähernd verarbeiten kann, zumal im Text stets mehrere Schichten gleichzeitig präsent sind. Diese offensichtliche Überforderung des Lesers ist aber kein Defizit, denn erstens ist dies ein Text, der mehrmaliges Lesen lohnt, und zweitens ist die Überforderung zwingende Folge der eigentlichen Fritzschen Leistung in *Naturgemäß I*: eben der Konsequenz, mit der sie das Gefüge der einzelnen historischen Schichten und ihre gegenseitige Durchdringung im Text nicht beschreibt, sondern abbildet. Die „Gedächtnislandschaft“[45], das „Gedächtnisgelände“ wird zum Textgelände. Um die horizontale Schichtung ins Werk zu setzen, bedient sich Marianne Fritz einer Vielzahl von Techniken; sie reichen von der Parallelführung durch das Splitten von Einzelbuchstaben, Worten oder ganzen Zeilen vermittels eines Bruchstrichs, wie wir es aus den späten Typoskriptromanen Arno Schmidts kennen, über den Einsatz von Kopfzeilen, die ihre eigenen Geschichten erzählen, bis zur horizontalen Teilung der Seiten in Drittel oder

---

[44] Ebd., S. 531.
[45] Ebd., S. 1501.

Hälften, die eine Weile parallel laufen und den Leser zum Vor- und Zurückblättern nötigen. Hinzu kommt der Einsatz graphischer Elemente, der Abdruck von Strukturschemata und die typographische Ausgestaltung einzelner Seiten, auch die Benutzung verschiedener Schriftgrößen und -typen (eine ist die „Fluß-“, eine die „Städteschrift“). Die Variationsbreite der Fritzschen Text-, Sprach- und Wortschöpfung ist enorm.

Dennoch würde das alles als Literatur womöglich nicht funktionieren, gelänge es der Autorin nicht, zwischen den einzelnen und prinzipiell separierten Schichten immer wieder Verbindungen und Beziehungen herzustellen. Dies geschieht großflächig durch wiederkehrende Grundthemen wie Geburt, Krieg, Tod, aber auch auf kleinem Raum mithilfe von (oft typographisch umgesetzten) Treppenstufen, die von einer Schicht auf die andere führen, und selbst im Detail der Einzelwörter kann Marianne Fritz, indem sie zu Schreibungen wie „Sp>rache<“[46], „g>leich<“[47], „Eiterz>ahn<“[48] greift, Verbindungen zu anderen Textschichten markieren und so Wortmaterial und „Gedächtnislandschaft“ neu vernetzen. Was uns zunächst als Chaos aus disparaten und unvermittelten Textfragmenten entgegentritt, extrem sperrig in Sprache, Stoff und Struktur, folgt tatsächlich ausgeklügeltsten Ordnungssystemen, die nur der bei einem solchen Projekt unvermeidliche Umfang des Textes davor bewahrt, aufdringlich in den Vordergrund zu treten.

Was Marianne Fritz sich mit *Naturgemäß I* nicht nur vorgenommen, sondern auch in eine Gewaltstat umgesetzt hat, ist schlichtweg unvergleichlich, auch wenn es

---

[46] Ebd., S. 1904.
[47] Ebd., S. 736.
[48] Ebd.

vermutlich bald nicht nur wieder die anfangs genannten oberflächlichen und unpassenden Vergleiche mit Arno Schmidt geben, sondern sich manch einer aus gleichfalls eher äußerlichen Gründen an Proust und Musil erinnert fühlen wird. Für den Vorläufer *Dessen Sprache du nicht verstehst* waren Proust und Musil als Bezugspunkte zwar durchaus noch sinnvoll, doch *Naturgemäß I* läßt solche Verwandtschaften weit hinter sich zurück. Und mit *Naturgemäß I* hat es noch nicht sein Bewenden: in diesem Textgelände gibt es mehrmals Hinweise auf die Fortsetzungen *Naturgemäß II* („Es ist ein Ros entsprungen / Wedernoch / heißt sie") und *Naturgemäß III* („oder doch / Noli me tangere / ‚Rührmichnichtan!'").

Naturgemäß II
Dritter Lektürebericht zu Marianne Fritz

Aber man soll mit der Grausamkeit nicht beginnen
(erste Kopfzeile[1])

In den allerletzten Wochen seiner Amtszeit als Bundesarbeitsminister tauchte Norbert Blüm am Buchmessenstand der Arno-Schmidt-Stiftung auf und bekundete, er habe auch mal ein Buch von Schmidt besessen, dieses aber nicht gelesen, sondern verschenkt – „Titel weiß ich nicht mehr, aber das war so ein großes, dickes.“ Wenn für Blüm *Zettel's Traum* einfach ein dickes Buch ist, befindet er sich damit eigentlich in guter Gesellschaft, hat doch kein Geringerer als Helmut Heißenbüttel einst eine vielbeachtete Untersuchung über „‚Zettel's Traum‘ als dickes Buch“ angestellt. Man möge sich nicht gleich mokieren; das quantitative Kriterium „dickes Buch“ kann durchaus in literarische Qualität umschlagen. Wenn aber *Zettel's Traum* mit seinen gut 1300 DIN-A-3-Typoskriptseiten schon als „dickes Buch“ durchgeht, wie sollen wir dann erst das Projekt *Naturgemäß* von Marianne Fritz nennen, das es nach zwei von drei Teilen bereits auf 4744 DIN-A-4-Typoskriptseiten gebracht hat? Mit dem noch ausstehenden Abschlußteil („oder

[1] Marianne Fritz, *Naturgemäß II. Es ist ein Ros entsprungen / Wedernoch / heißt sie* (5 Bände, Frankfurt a.M.: Suhrkamp 1998) S. 2031. Zitiert wird jeweils nach der *Gesamt*seitenzählung (jeweils rechts oben von Marianne Fritz angegeben), die die Paginierung aus *Naturgemäß I* fortsetzt.

doch / Noli me tangere / ‚Rührmichnichtan!'") wird *Naturgemäß* auf etwa 7000 Großseiten kommen.

Über eine bestimmte Art von dicken Büchern – heilige Schriften, Chroniken, Erzählkompendien à la *1001 Nacht* – sagt Helmut Heißenbüttel: „Diese Bücher sind dicke Bücher, weil sie Summen darstellen, Summen der Überlieferung, von religiöser Lehre, von historischen Daten und Beschreibungen, von Kulturgut."[2] Obwohl *Naturgemäß* durchaus nicht dieser Gruppe von Werken zuzurechnen ist, ist es doch mit der Beschreibung in einem bestimmten Sinne durchaus getroffen: *Naturgemäß* ist (freilich fiktionalisierte) Summe von Wissen über eine bestimmte historische Situation, ihre Vorgeschichte, ihre Deutbarkeit aus psychologischer, soziologischer und historiographischer Perspektive.

Angesichts einer anderen Art von dickem Buch, nämlich Marcel Prousts *A la recherche du temps perdu* (das, nebenbei bemerkt, in vielem durch Marianne Fritz' vorheriges Werk *Dessen Sprache du nicht verstehst* eingeholt wird), stellt Heißenbüttel sich die rhetorische Frage: „Sind dicke Bücher einfach so etwas wie viele dünne Bücher, linear sich von Seite zu Seite immer weiter ausbreitend?" Und Heißenbüttel antwortet sich selbst: „Prousts Romanwerk ist zwar auch additiv strukturiert, aber doch nicht nur additiv. Sein Umfang bestimmt sich ebensosehr aus der Vielzahl von Bezügen, die gewebeartig Erzählung und Erzählwelt durchziehen. Und erst bei einem bestimmten Seitenumfang ist es möglich, dieses Strukturgewebe auszulegen und sichtbar zu machen. Zugleich liegt in dieser gewebeartigen Struktur die Tendenz, Erzählgrenzen und außererzählerische Erfahrung

---

2 Helmut Heißenbüttel, „‚Zettel's Traum' als dickes Buch", in *Text + Kritik* 20: Arno Schmidt, 2. Aufl. 1971, S. 15-20, hier S. 15.

des Lesers gegeneinander aufzulösen.“[3] Auch das gilt, eher noch in gesteigertem Maße, ebenfalls für das *Naturgemäß*-Projekt von Marianne Fritz.

In eine dritte Gruppe von dicken Büchern faßt Heißenbüttel Gertrude Steins *The Making of Americans* sowie die beiden Romane *Ulysses* und *Finnegans Wake* von James Joyce zusammen und merkt dazu an: „in allen drei Werken ist es ausdrücklich der komplexe Strukturplan, der den Umfang bestimmt. Jedes dieser drei Bücher ist absolut unkürzbar, weil jedes einzelne Element, jeder einzelne Bezug notwendig ist für die Erkenntnis des Ganzen. Erzählung und Strukturierung sind identisch. Das macht es so schwierig, diese Bücher nach den traditionellen Gattungskriterien zu erfassen; sie haben weniger einen Erzählansatz als einen Strukturansatz“[4]. Auch das läßt sich ohne Abstriche ebenso von *Naturgemäß* sagen.

Eine Besonderheit von dicken Büchern – oder genauer: eine Besonderheit ihrer Rezeption –, die bei *Naturgemäß* ganz besonders virulent wird, spricht Heißenbüttel explizit allerdings nicht an, wenngleich sie aus seinen Beobachtungen unmittelbar zu folgern ist: es ist für den Leser unmöglich, dem Text in seiner Totalität zu folgen. Im einzelnen kann das dazu führen, daß ein Großteil der Leserschaft auf die Komplettlektüre verzichtet und sich auf die Kenntnisnahme eines mehr oder weniger kleinen Ausschnitts beschränkt, der sich dann tatsächlich auch meist recht gut durchdringen läßt. Ob dieses überhaupt zu einem Verständnis solcher Bücher, in denen Heißenbüttel die Gründe für die Dicke in struktureller Komplexität sieht, führen kann, soll hier dahingestellt bleiben; wichtig für unseren Zusammenhang ist: die alleinige –

3 Ebd., S. 16.
4 Ebd.

und sei es noch so intensive und aufmerksame – Lektüre eines Ausschnitts aus *Naturgemäß* hilft dem Durchdringungsbedürfnis des Lesers nicht wirklich weiter, weil die komplexe Gesamtstruktur des Werkes so angelegt ist, daß diese Komplexität sich in jedem Ausschnitt zu spiegeln scheint. Im gebundenen Buch stehen die Seiten, auf denen ein kontinuierlich ablaufender Textstrang sich befindet, oftmals nicht hintereinander, sondern weit verstreut; bei *diesem* Werk summarischer Totalität bringt der Versuch, einen Blick aufs Einzelne zu werfen, eben keinen Blick aufs isolierbare Detail, sondern einen Blick, der notwendigerweise immer schon mehrere Fragmente gleichzeitig erfaßt. Andererseits läßt sich der Versuch, den Blick soweit auszudehnen, bis eine irgendwie abschließ- und bewertbare Textstrecke überspannt ist, nirgendwo anhalten – der Blick bleibt stets der auf willkürlich herausgerissene Fragmente (und das gilt möglicherweise sogar dann noch, wenn die Lektüre schließlich doch bei der Erfassung des gesamten *Naturgemäß*-Textes angekommen ist). Es hilft deshalb alles nichts – der Leser hat keine Wahl, als sich in desem Kosmos zu verlieren, und keineswegs ist gesagt, ob das, was er – vielleicht – am Ende wiederfindet, wirklich er selbst ist. „Pulverisiertes Dasein, das blieb, ohne Umschweif. – Seine Spur suchen, ein vergebliches Eifern“[5].

Diese Textfestung bleibt standhaft, kein Leser wird sie knacken können. Das heißt allerdings nicht, daß es sich nicht lohnt, es dennoch zu versuchen. Auch wenn uns das Undurchdringliche, das sperrig Dichtgefügte, das geordnet Ungeordnete an Marianne Fritz’ Riesenprojekt *Naturgemäß* (das wiederum Teil ihres Lebenswerks *Die Festung* ist) immer wieder absichtsvoll auszuschließen scheint: zumindest eine Annäherung ist immer möglich,

---

[5] Fritz, *Naturgemäß II*, a.a.O., S. 2056.

und vielleicht kommen wir unverhofft doch hinein in die Festung, wenn wir sie nicht frontal zu stürmen versuchen, sondern die weiße Fahne schwenken und uns ihr ergeben. Anders gesagt: eine Lesehaltung, die gleich alles „verstehen“ will, ist von vornherein chancenlos, doch eine Lesehaltung, die sich diesem Textkosmos bedingungslos überläßt, wird durch ein außerordentliches Lektüreerlebnis belohnt, das an Intensität wohl kaum zu übertreffen ist und das man, nachdem man's überstanden hat, unter keinen Umständen mehr missen mag.

Verabschieden wir uns also von der frommen Fiktion der sofortigen und umfassenden Verstehbarkeit und tauchen wir statt dessen einfach hinein in *Naturgemäß II*, den jetzt vorliegenden Mittelteil des Großprojekts. Wie schon in *Naturgemäß I*, so ist auch hier auf jeder Seite das Widerspiel von Ordnung und Chaos zu spüren. Einerseits treffen wir allenthalben auf Indizien einer peniblen Überstrukturierung des Textes, auf Rück- und Vorverweise, Strukturschemata, Repetitionen und Variationen, auf Datierungen und Lokalisierungen. Andererseits ist dieses strukturelle Verweisnetz so feinmaschig und eng gezogen, daß wir je nach der Nähe unseres Blicks entweder nur den groben Umriß, der als Schlüssel zu den Mikrodetails nie hinreicht, oder nur das Kleingeflecht, das ohne Makrozusammenhänge konfus und beliebig wirkt, wahrnehmen. Dies ist die Totalität, die dieser Text umzusetzen versteht wie wohl kein Stück Literatur zuvor. Fast könnte man meinen, man habe es hier mit einem allumfassenden neuen Schöpfungsmythos zu tun, und das nicht nur, wenn der Allmächtige ins chaotische Spiel kommt: „Der Ziffernsturz schleppte in die Schöpfung Gottes das Chaos, das so verblüffend einer Ordnung glich, daß es mit der Ordnung Gottes leicht verwechselt werden konnte, und es wurde auch mit der Ordnung Gottes verwechselt, ja, es wurde sogar mit der Ordnung der Schöpfung Gottes gleichgesetzt."[6]

Ein Schöpfungsmythos ist *Naturgemäß* schon allein deshalb nicht, weil hier kein Entstehens-, sondern ein Vergehensprozeß in Sprache nachgeformt wird. Der „Ziffernsturz" ist ein Zeilen- und ein Zeitensturz zugleich, weil Marianne Fritz mit dem Gegeneinandermontieren von Zeilen und Sprachsplittern die Zersplitterung der Welt in den Anfangsmonaten des Ersten Weltkriegs analogisiert. Ihr Riesentext bildet gewissermaßen die „Tiefenstaffelung der Front"[7] um die (heute polnische) Festung Przemysl ab, deren Topographie praktisch den Bauplan zu *Naturgemäß* liefert. Die Tiefenstaffelung ist nun aber eben keine nur räumliche, sondern mindestens ebenso eine zeitliche. Ins Jahr 1914 stürzen das „Schicksalsjahr 1846" mit der „Wedernochsprache"[8], das „Schicksalsjahr 1850" mit der „Saumwegsprache"[9], das „Schicksalsjahr 1860" mit der „Entweder-oder-Sprache"[10] und das offenbar sprachlose „Schicksalsjahr 1893"[11]. Hinzu stürzt etwa das Jahr 1990[12], in dem es auf dem Gebiet der ehemaligen Donaumonarchie erneut Krieg gibt; zudem träumt man schon einmal „in das Jahr 1956"[13]. Angesichts dieses Durcheinanders mag mancher Leser einstimmen in die Warnung eines gewissen Väterchens: „Unterschätze mir die Chronologie der Ereignisse nie." Bevor Väterchen hängt, muß er sich aber entgegnen lassen: „Väterchen, habe ich das jemals

---

[6] Ebd., S. 3289.
[7] Ebd., S. 2331 u.ö.
[8] Ebd., S. 2091.
[9] Ebd., S. 2099.
[10] Ebd., S. 2105.
[11] Ebd., S. 2206.
[12] Ebd., S. 2196, 2469.
[13] Ebd., S. 3649.

getan? [...] Überbewerte mir die Chronologie der Ereignisse nie, sie sind verzwickter"[14].

Verzwickter als oberflächlich darstellbar ist alles in diesem Roman, der sich weigert, irgend etwas zu vereinfachen. Wenn die „Obrigkeit" nicht nur zu Zeiten des Krieges „regulierend, ja heilend!, korrigierend, ausmerzend"[15] wirkt, dann gilt der Riesenaufwand dieses Textes zu allererst dem Ziel, derlei Eingriffe einerseits kenntlich zu machen und andererseits aufzuheben. „Splitter über Splitter hat jeder im Kopf"[16], also werden diese Splitter im Maßstab eins zu eins in Sprache, in Text umgegossen. „In Brüchen, Rissen, Sprüngen kehrte es wieder, das Gedächtnis des mächtigen Warum."[17] Naturgemäß kann auch der mächtige Textkörper der Marianne Fritz kein „Darum" liefern, denn je genauer das Gedächtnis ist, desto unabschließbarer bleibt die Suche und desto unbeantwortbarer die Frage nach den begründenden Ursachen. Die gelegentlichen Ansätze zur Selbstbeschreibung der Fritzschen Prosa münden deshalb zwangsläufig in Tautologien: es geht um „Augenblicke des Auftauchens, das gleichzeitig ein Eintauchen ins ‚Es war einmal' ist, das jedoch im gespenstischen Dasein zur steten Wiederkehr gezwungen ist, denn gespenstisches Dasein kann sich nur auf diese Weise des Daseins bemächtigen, indem es sein Sosein ‚noch einmal' entwirft, wenngleich dieses ‚noch einmal' das Entschwinden der Augenblicke in der Ewigkeit schon ‚hinter sich' hat"[18] – und so weiter. Man sieht, daß das analogische Erzählen der

---

[14] Ebd., S. 3780.
[15] Ebd., S. 4591.
[16] Ebd., S. 3061.
[17] Ebd., S. 2065.
[18] Ebd., S. 2187.

Marianne Fritz die Tendenz hat, die Grenze zwischen Konkretion und Abstraktion aufzuheben.

Konkret sind bei Marianne Fritz vor allem die Namen, die fast immer sprechende Namen sind, wenn sie sich der simplifizierenden Deutung auch meist dann doch wieder entziehen. Ob da einer Wolf Stahl heißt oder Niko Wie Unschuld oder Edler von Knochen, ob der Wannmann dem Womann gegenübersteht oder ein Kommandant Leib Asche auftritt, ob Psychoanalysepapa Freud[19] erwähnt wird oder *Fackel*-Herausgeber Karl Kraus[20] – Marianne Fritz bevorzugt Namen, die gleichsam selbst Körper sind und als solche im Erzählraum agieren, einfach indem sie Beziehungen herstellen. Daß diese Beziehungen dann später bisweilen wieder negiert werden („zumal es nur Narren sind, die annehmen, Ohnträn sind die Tränen tränenlos"[21]), ändert an der beziehungsstiftenden Funktion nicht wirklich etwas.

Die Beziehungen, die da gestiftet werden, sind vornehmlich solche zwischen den diversen Erzählschichten, die Marianne Fritz gegen- und übereinander montiert. In *Naturgemäß II* gibt es einzelne Erzählstrecken, die sich über Hunderte von Seiten hinziehen und dabei nur gelegentlich unterbrochen werden – typischer aber sind harte Schnitte, die kaum einer Textschicht erlauben, sich ungestört über mehr als ein paar Seiten zu entfalten. Um so interessanter sind eben diese Störungen, die das unvermittelte Eindringen der einen Zeitebene, Bewußtseinsstufe oder Realitätssphäre in die andere markieren. Auf dem Kriegsschauplatz von *Naturgemäß* kämpfen nicht nur die Tatze des Bären und der Weiße Adler gegeneinander, sondern auch das „Reich der Gespenster", das

---

[19] Ebd., S. 2288.
[20] Ebd., S. 3583.
[21] Ebd., S. 2698.

„Reich der Legenden“, das „Reich der Mythen“, das „Reich des Absolutunmöglichen“, das „Reich der Sagen“, das „Reich der Märchen“, das „Reich auch der Poesie“, das „Reich des Eh-nicht-Wirklichen“[22] und so weiter. Gar nicht paradox ist die Feststellung, „daß es Ebenen gibt, die es nicht gibt“[23], und auch diese Ebenen wollen in *Naturgemäß* kartiert sein. Das „Textgeschehen“ ist oftmals „Kopfgeschehen mit Nervenschwirrtänzen in Erstarrungshaft“[24]; nicht nur deshalb gilt: „Buchstaben können tanzen“[25]. So wird „Sprachloses in Sprache übertragen“[26] oder auch „in Analogiehaft genommen“[27], aber eben auch die Topographie zur „Schrift des Geländes“[28] umgeschrieben. „Wörter sind genau“[29], so genau, daß es manch einen „Ort, der doch nur ein Wort ist“[30], gibt. Was hier betrieben wird, ist eine radikale Enthierarchisierung der Realitätsebenen. Wer dafür unbedingt einen mimetischen Vorwand braucht, der kann ihn in der Notwendigkeit ausmachen, im Kriegsgrauen „Überlebensphantasien“[31] zu entwickeln „im unsichtbaren Reich, im unsichtbaren Gelände, das gleichsam das Weltall-Loch war, im Schädel“[32].

Angesichts dieser Enthierarchisierung überrascht es, daß es mehrmals von Onufry, einem Schreiber und „Aufklärer von Gottes Gnaden“[33], den wir über lange Text-

---

[22] Ebd., S. 4378.
[23] Ebd., S. 2032.
[24] Ebd., S. 2043.
[25] Ebd., S. 2046.
[26] Ebd., S. 2069.
[27] Ebd., S. 2093.
[28] Ebd., S. 2325.
[29] Ebd., S. 2393.
[30] Ebd., S. 2428.
[31] Ebd., S. 2973.
[32] Ebd., S. 3199.
[33] Ebd., S. 4072, 4868.

strecken zurück ins Schuljahr 1872/73 und in die 6. Klasse begleiten, heißt, „in Wirklichkeit" sei „Nacht / Onufry liegt neben Anjetzo"[34]. Ist es nicht ebensosehr „Wirklichkeit", wenn Onufry sich in die Schulzeit zurückträumt und an sein stotterndes „Stolpern über Wörter"[35] erinnert? Ist es nach dem Prinzip dieses Textkosmos nicht ebenso „Wirklichkeit", wenn Onufry im Suff phantasiert und auf die „Arschbacke des Teufels"[36] zielt?

Was „Wirklichkeit" ist, läßt sich nur nach Maßgabe dessen entscheiden, auf welcher Textschicht wir uns gerade bewegen. Schon in *Naturgemäß I* hat Marianne Fritz es geschafft, Geschichte im Text als Schichtenstapel aus diversen Zeiten und Ebenen zu realisieren. So, wie sich im topographisch-archäologischen Sinne die Spuren und Relikte von allem, was während langer Jahrhunderte existierte, übereinandergelegt haben, schichtet auch Marianne Fritz Splitter von Geschichte und von Schicksalen übereinander. Eben deshalb sind bei den (historisch verbürgten) Kämpfen um Przemysl nicht nur die Geschehnisse der Monate August bis Dezember 1914 im Spiel, sondern ebenso die Vorgeschichten aller Akteure sowie der Bewohner jener verschwundenen Dörfer, die strategischen Überlegungen oder kolonialem Herrenmenschentum zum Opfer gefallen sind. Marianne Fritz geht es zu einem erklecklichen Teil darum, diese verschwundenen Geschichten zu retten und gleichzeitig als verschwundene zu markieren – eine Spurensuche der besonderen Art gewiß.

Spuren sind immer „Erinnerungsspuren"[37], sind Versuche, „das Schlucken und das Sichducken und das

---

[34] Ebd., S. 2645 u.ö.
[35] Ebd., S. 2585.
[36] Ebd., S. 4184.
[37] Ebd., S. 2032.

Vergessen"[38] zu überlisten durchs beständige Kratzen an der Oberfläche, bis von der Schicht darunter etwas durchschimmert. Das Kratzen ist das, was der kolonial-militaristische Realitätssinn nicht wünscht. „Dieses Nichtkratzendürfen, es ist gewiß erschöpfend"[39], stellt der kolonialisierte Onufry fest. Etliche Dörfer der Erdfarbenen sind „vollkommen getilgt"[40], teils seit Jahrhunderten, und mit dem Krieg wird solches Tilgen auf drastische Weise fortgesetzt: die Totmacher dürfen „sich bewähren beim Niederbrennen, Liquidieren einer verlausten wie verwanzten Ortschaft, deren Bewohnerschaft unbewaffnet dem Liquidator gegenübersteht"[41]. Das strategische Ziel ist erst erreicht, wenn das Kriegstagebuch feststellt: „Der Ort ist nicht mehr da"[42]. (Seltsamerweise heißt ‚Liquidation', wörtlich übersetzt, ‚Verflüssigung'.)

Getilgt wird aber mehr als ein Dorf nach dem anderen und die damit verbundene Geschichte, umgebracht werden nicht nur Menschen. Die „Städteschrift" tilgt die „Flußschrift": „Städteschrift, das ist die Lösung, das ist die Kunst. – In ihr tilge alle Spuren, die zu Dir zurückführen, zwinge alles an Dir in die Stadt, in der Stadt haben Flüsse wie Ströme, wie Meere nur mehr ein eigenes Gesicht, wenn sie überschwemmen zu sehr"[43], also wenn sie sich gegen die neuen Ordnungen auflehnen. Neue Sprachregelungen tilgen „Spurenreste von einer Heimat."[44] Genau deshalb muß Onufry stottern. „Sprache! Welche Sprache hat der Weiße Adler den

---

38 Ebd., S. 3479.
39 Ebd., S. 2277.
40 Ebd., S. 2188.
41 Ebd., S. 2730.
42 Ebd., S. 2032.
43 Ebd., S. 3513.
44 Ebd., S. 3663.

Erdfarbenen befohlen: zu vergessen?“[45] Es ist dies die nichtglatte Sprache der vorkolonialen „Erdfarbenen“, keine Schriftsprache, sondern eine gesten-, mythen- und bildreiche Sprache, der das eigentliche Erinnern und die wahre Sehnsucht der untergründigen Erzählschichten von *Naturgemäß II* gilt, und in dieser Hinsicht schlägt *Naturgemäß II* den Bogen zurück über *Naturgemäß I* hinweg zu dem vorherigen Fritz-Roman *Dessen Sprache du nicht verstehst*, in dem der Krieg noch nicht unmittelbar präsent war.

Aber natürlich muß der Krieg vieles ändern oder doch zuspitzen. Sprachglättung ist eine der Hauptaufgaben des Schulsystems der Kolonialmacht, die versucht, die alten Mythen zu tilgen: „immer häufiger wird es vorkommen, daß die Kinder ihren nie eine Schule betreten habenden Eltern erklären, nichts singt im Nebel, nichts singt in den Flüssen, nicht im Stein, deine Schwermut ist grundlos.“[46] Erinnerungen an Schulstunden spielen eine große Rolle in *Naturgemäß*; mit dem Krieg freilich kommt eine andere Art von Erziehung hinzu. „Im Umherziehen ist das Umerziehen enthalten“[47], folglich fördert die durch den Krieg bewirkte Entwurzelung der Menschen das Verschwinden ihres Selbst. Und: „Ohne Rädern und Vierteilen muß die Welt vergehen“[48] – nach dieser Devise ist Fortschritt auf „das Grauen ob der Todvermehrungsvielfalt“[49] unbedingt angewiesen. Wer es an der „Totschlageifrigkeit“[50] vermissen läßt oder gar „Einwände [...] gegen das Schädeleinschlagen“[51] hat, der bekommt es

[45] Ebd., S. 4450.
[46] Ebd., S. 4540 f.
[47] Ebd., S. 3388.
[48] Ebd., S. 3740.
[49] Ebd., S. 3131.
[50] Ebd., S. 2084.
[51] Ebd., S. 4310.

mit einer noch sehr viel nachhaltigeren Erziehungsmethode zu tun: „die erziehende Maßnahme durch den Strick“[52] vermehrt den Krieg nach außen um den inneren Krieg gegen sogenannte Deserteure, Saboteure, Hochverräter und Befehlsverweigerer. Die „Erdfarbenen“ stehen dabei a priori unter Kollektivverdacht: „Onufrys erdfarbene Unvollkommenheit ließ sich gezielt wenden und verwandeln in Strafe, gewiß!“[53]

Um keine falschen Vorstellungen aufkommen zu lassen: all das bleibt in *Naturgemäß II* unter der Oberfläche, wirkt auf einer der untergründigen Textschichten, hat aber Folgen für die Sprachbehandlung. „Die Auflösung der Rache des Fleisches, sie findet in der Sprache statt.“[54] *Naturgemäß* erzählt eben nicht vom Krieg, sondern bildet den Krieg nach, in all seinem Widersinn und mit all seiner Gewalt. Das erklärt viel von der Wucht und der Schroffheit dieses Werks, auch von der gleichsam strategisch eingesetzten hermetischen Tektonik – sie kennen wir schon aus *Naturgemäß I*.

In einer Hinsicht bringt *Naturgemäß II* aber etwas Neues. Zwar setzt sich auch hier das an Gesteinsschichten und Plattentektonik orientierte Gefügeprinzip fort, doch der steinernen Statik tritt eine Dynamik zur Seite, die auf den Einbruch eines zusätzlichen Werkstoffs hinweist. Der unbewegliche Stein wird unterspült; die uns jetzt gelieferten 2700 Seiten werden von Anfang bis Ende durchflossen von Wässerigkeiten. Es wird nicht nur gehängt, sondern auch ertränkt; Onufry hat in der heimatkundlichen Geographiestunde vor allem Flußnamen und -läufe zu wiederholen; das Wirken der

---

52 Ebd., S. 3803.
53 Ebd., S. 2878.
54 Ebd., S. 2840.

Erinnerung wird zur einstürzenden „Erinnerungsflut“[55]; „Wellenwogen ins Gedächtnisland“[56] und „historische Wellen“[57] und „Wortdämme“[58] und ein „inneres Flußsystem“[59] aus Venen und Arterien durchziehen nun das Textgelände, das zum „Buchstabenmeer“[60], zur „Sturzflut von Wörtern“[61] mutiert. „Hineingestrudelt, oder was?“[62]

Ähnlich, wie in *Naturgemäß I* die archäologische Schichtungsproblematik unter anderem durch trockene Fachtextstrecken voller terminologischer Detailvarianten explizit zur Sprache gebracht wird, treten nun in *Naturgemäß II* Textstrecken auf, in denen vor allem die Begradigungs- und Trockenlegungsproblematik (in der sich natürlich der ordnungssuchende Eingriff der „Obrigkeit“ in Lebens- und Gedächtnisraum der „Erdfarbenen“ analogisiert findet) auf denkbar profane Weise angesprochen wird:

> Gegenwärtig sind in diesem Gebiet die Entsumpfungsarbeiten bereits weit vorgeschritten. Ein dichtes Netz von Canälen leitet die Sumpfwässer den fließenden Gewässern zu, sodaß diese ungeheuere Weichlandzone ihren Charakter teilweise geändert haben dürfte. / Details über den Umfang und den Erfolg der Entwässerungsarbeiten fehlen, doch läßt sich aus der Analogie mit andern, genauer bekannten, entwässerten Gebieten schließen, daß sich vorwiegend nur die

---

[55] Ebd., S. 2569.
[56] Ebd., S. 3027.
[57] Ebd., S. 3096.
[58] Ebd., S. 3663.
[59] Ebd., S. 3671.
[60] Ebd., S. 3863.
[61] Ebd., S. 4618.
[62] Ebd., S. 4685.

> Productivität des Bodens gehoben, die Gangbarkeit jedoch nicht wesentlich gebessert habe. (Urteil eines Recognoscenten vom Jahre 1902.) [...] Auch dieses Gebiet wurde bereits einer durchgreifenden Regulierung unterzogen. nachdem dasselbe bereits vor Beginn der Entsumpfungsarbeiten zum größeren Teile aus periodisch trockenem Moorlande bestand, offene Sümpfe nur in kleineren Complexen vorhanden waren, der ganze Raum dichter besiedelt und von verhältnismäßig zahlreichen Communicationen, allerdings sehr minderer Qualität, durchzogen war, so dürfte der Schluß berechtigt sein, daß dieses Gebiet heute eine relativ cultivierte, wegsame, vielfach gangbare Fläche darstellt. –‚Vater, ich rufe dich!'[63]

Diese Textschicht, die sich über etwa zehn Seiten hinzieht, dient der Totalität in der Behandlung des Themas Wasser, wird aber gebrochen nicht nur durch Einschübe wie den einer erkennbar anderen Erzählschicht angehörigen Satz am Ende der zitierten Passage, sondern auch etwa durch eine viel ‚unsachlichere' Annäherung an dasselbe Thema, wie wir sie bei Onufry finden:

> Die Hand, die näher beim Herzen ist, das ist die linke Hand. Die Hand, die linke Hand, das ist der Fluß, der Fluß, er hat einen Namen, der Fluß, der bleibt sich immer gleich, niemals heißt er anders, immer ist es der **Mächtige**. Der **Mächtige**, er ist meine linke Hand. Der **Schicksalbestimmende**, er ist meine rechte Hand. Auch meine rechte Hand ist ein Fluß, weil nicht ändert sich der Fluß, sein Name bleibt sich immer gleich, er heißt wie er immer heißt der **Schicksalbestimmende**.[64]

---

[63] Ebd., S. 3556 f.
[64] Ebd., S. 4234.

Seltsam ist, daß an dieser Stelle der Fluß Sicherheit gibt; eigentlich ist doch da, wo etwas im Fluß ist, gerade alles unsicher und nichts mehr gewiß. Diese Lesart suggeriert beispielsweise eine Stelle, an der aus dem sprechenden Namen eines weiteren Flusses – des **Mögliche** – Gewinn gezogen wird: „Wenn dir das kleine Wörtchen ‚gewiß' abhanden kommt, ich fürchte, dann stürzt du dich in die Fluten des **Mögliche**."[65] So tragen die zum Sprechen gebrachten Namen – die auf einer quasi mythologisierenden Ebene des Textes anzusiedeln sind – zur Dynamik zwischen den Textebenen bei.

Zudem zeugt das Wasserthema wichtige Nebenthemen. Ähnlich, wie sich in *Naturgemäß I* aus der Schichtentektonik ein Treppentopos entwickelte – oft umgesetzt in typographischen Treppenstufen, die von einer Textschicht auf die andere hinauf oder hinunter führten –, ergibt sich aus dem Thema der Flußläufe und Wasseradern in *Naturgemäß II* jetzt ein Brückentopos, der Bögen von einem Ufer auf ein anderes schlägt. Brückenbau, das Betreten und Überschreiten von Brücken und auch Brückensprengungen spielen auf vielfältige Weise eine wesentliche Rolle in *Naturgemäß II.*

Noch wesentlicher ist ein anderes Thema, das sich aus dem der Wasserläufe entwickelt, nämlich das des Grundes, bis zu dem man hinabsinken oder -tauchen kann. Die Vielgestalt, in der der Begriff „Grund" auftritt, übersteigt womöglich alle anderen Wortvariationen in *Naturgemäß II.* Analogisierend, metaphorisierend und etymologisierend wird die gesamte Bandbreite des Wortfeldes „Grund" / „gründend" / „Begründung" / „Grundlage" etc. auf eine so umfassende und gleichzeitig diffizile Weise abgearbeitet, daß sich dieses Thema hier bloß benennen, aber nicht im entferntesten abhandeln läßt –

---

[65] Ebd., S. 4450 f.

das „Grund“-Thema böte gewiß Stoff genug (Nachwuchsgermanisten, aufgemerkt!) für eine umfassende Untersuchung, etwa im Rahmen einer Dissertationsschrift.

Was nun allerdings nicht heißen soll, daß wir den Umgang mit *Naturgemäß II* der verbeamteten Literaturwissenschaft und ihrem Hang zu starren Mechanismen überlassen wollen – im Gegenteil bietet Marianne Fritz wilden Lesern auf sehr anschauliche Weise etwas fürs ästhetisch wache Auge. Dem ständig aufblitzenden Fluß-, Sumpf-, Meeres- und Wässerthema und einer entsprechenden Metaphorik tritt textgestalterisch ein geradezu halsbrecherischer Umgang der Autorin mit vielen ihrer Seiten hinzu: mit Pfeilen markiert sie Stellungswechsel, Leseanschlüsse, kinetische Drehbewegungen; oft muß der Leser die Seite einmal ganz herumdrehen, um alles lesen zu können; repliziert werden palimpsestartig bearbeitete alte Seiten, auf denen neue Eintragungen vorgenommen oder (im Falle etlicher Seiten aus *Naturgemäß I*) aus denen einzelne Wörter hinweggeschwemmt wurden. Der Übergang zwischen den typographisch klar unterscheidbaren Schriftarten vollzieht sich vielfach mitten im Satz, oft mitten im Wort. Und offenbar gehört zur Dynamik auch, daß die Wörter gut bewässert werden: „Wörter sind wie Samen in der Erde, ihre Verwandlung steht bevor, es gibt nur eine Heimat für Wörter, das ist der Kopf, im Kopf werden die Wörter nicht bloß Worte, sie werden die Bewegung, die sich vorbereitende Tat, der Reflex schießt aus ihnen heraus, gleich unsichtbarem Wachsen unter der Erde“[66]. Hier gilt nun wirklich:

---

[66] Ebd., S. 3757.

„Alles ist im Fluß“[67]; es herrscht „die Triebkraft Wasser“[68].

Nach der steinern-starren Welt in *Naturgemäß I* und der dynamisierten Wasserwelt in *Naturgemäß II* müßte man fast vermuten, daß es in *Naturgemäß III* dann zum flammenden Inferno kommen wird – oder ist auch das wieder zu schablonisch, zu ordnungsliebend gedacht? Aus guten Gründen läßt sich Marianne Fritz grundsätzlich auf kein System ein, das glatt aufgeht. „Morden war ein Wort, in ihm steckte der Orden“[69] – und da ist auch die Ordnung nicht fern. Marianne Fritz will etwas anderes, will mit Worten gegen Ordnung, Orden und das Morden anschreiben. 10.000 Seiten hat die eben 50jährige Autorin nun schon fertig, wenn man das noch unveröffentlichte *Naturgemäß III* mitzählt. Jedem Leser, der den Sinn für literarische Abenteuer noch nicht verloren hat, kann man nur den Mut wünschen, da mitzulesen.

---

[67] Ebd., S. 3056.
[68] Ebd., S. 4001.
[69] Ebd., S. 3796.

„wenn mir nicht, wem dann?“
Nachruf auf Marianne Fritz

Am 1. Oktober 2007 endeten Leben und Werk von Marianne Fritz. Darf man das so sagen? Wohl nicht. Die griffige Formel ‚Leben und Werk‘ ist (wie überhaupt alles griffige) bei Marianne Fritz unangebracht; bei ihr stand das Werk immer an erster Stelle, und dies so sehr, daß dahinter das Leben fast vollständig verschwand. Sprechen wir also, bevor wir uns aufs Leben besinnen, wenigstens in aller Kürze vom Werk, jener Kürze, die diesem Werk freilich grotesk unangemessen ist.

Am weitesten verbreitet von diesem Werk dürfte kurioserweise dessen kleinstes und unbedeutendstes Teilchen sein, eine Erzählung mit dem Titel „Eine befremdliche Entdeckung“, zu finden in dem überdimensionierten Jubiläumstaschenbuch *Erzähler des S.Fischer Verlages 1886-1978*, das im Oktober 1978 in hoher Auflage gedruckt wurde. Das Bemerkenswerteste an dieser Erzählung ist der Refrain, von dem sie durchschossen wird, bestehend aus zwei Sätzen: „Aber nicht das wollte ich erzählen. Ich habe vielmehr nach der Feder gegriffen, weil ich eine befremdliche Entdeckung gemacht habe“ – dann folgt ein Doppelpunkt, daraufhin eine mal mehr und mal weniger kurze Erzählstrecke, dann wieder der zitierte Refrain. Wollte Marianne Fritz überhaupt erzählen? Wollte sie Befremden preisgeben?

Daß sie der Welt erzählend mit Befremden begegnete, zeigt ihr ebenfalls 1978 erschienener Erstling, ein schmaler Band namens *Die Schwerkraft der Verhältnisse*. Wie alles, was die Autorin fortan veröffentlicht hat, ist auch *Die Schwerkraft der Verhältnisse* Teil des literarischen Großprojekts *Die Festung*, das sich aus dem Blickwinkel der ‚kleinen Leute' mit der österreichischen Geschichte vor allem des 20. Jahrhunderts befaßt. Dieses Großprojekt ist in zeitlicher wie auch in sprachlicher Hinsicht von gegenläufigen Entwicklungen gekennzeichnet. Die zeitliche Gegenläufigkeit sieht so aus, daß Marianne Fritz mit dem Voranschreiten ihres Werks historisch immer weiter zurückgeht. *Die Schwerkraft der Verhältnisse* erschließt von der Erzählgegenwart des Jahres 1963 aus die Zeit ab 1945; in *Das Kind der Gewalt und die Sterne der Romani* (1980) ist die Rahmenhandlung in die Jahre 1922/23 verlegt, wobei Rückblenden in die Anfangsjahre des Jahrhunderts führen; in *Dessen Sprache du nicht verstehst* (1985) und *Naturgemäß* (1996/98) schneiden sich die Haupterzählstränge im Jahr 1914, führen jedoch bis ins Mittelalter zurück und deuten zudem voraus bis in die Balkankriege der 1990er Jahre. Eine sprachliche Gegenläufigkeit ergibt sich daraus, daß sich Marianne Fritz zwar literarisch mit jenen Menschen beschäftigt, die in der Geschichte keine Stimme haben, die stumm sind und namenlos bleiben, daß jedoch gleichzeitig die Texte, die diese Phänomene einzufangen versuchen, in Umfang und Sprachbehandlung zusehends extrem ausufern: *Die Schwerkraft der Verhältnisse* ist noch eine karg erzählte 100-Seiten-Erzählung, *Dessen Sprache du nicht verstehst* umfaßt weit über 3000 Seiten, und die beiden vorliegenden Teile von *Naturgemäß* summieren sich auf knapp 5000 Seiten.

Aufgabe einer Festung ist es, diejenigen, die sich darin befinden, zu schützen, indem diejenigen, die nicht darin sind, ferngehalten werden. Sie erfüllt diese Aufgabe, indem sie erstens aus hartem, beständigem Material erbaut ist, zweitens eine innere Ordnung aufweist, die von außen nicht als solche zu erkennen ist, und drittens um sich herum ein offenes Terrain hat, damit diejenigen, die sich der Festung nähern, den Waffen der Festungsbesatzung preisgegeben sind. Wer sich einer Festung nähert, tut dies nicht nur auf eigene Gefahr, sondern auch schutzlos – nur diejenigen, denen es gelingt, in sie einzudringen, kommen in den Gebrauch ihrer Vorzüge.

Um die Textfestung der Marianne Fritz verhält es sich nicht anders. Es ist weder leicht noch ungefährlich, sich ihr zu nähern; vielfach wird davor gewarnt. Nach außen ist die Festung schroff, extrem abweisend, in vielen Augen vollkommen unzugänglich. Bevor wir die abweisenden Mauern nicht überwunden haben, wissen wir gar nicht, was darin ist und ob sich der Aufwand des Eindringens lohnt; erst wenn wir die Festung betreten haben, können wir versuchen, uns zu orientieren. Ob sich uns die inneren Ordnungen offenbaren, bleibt allerdings auch dann noch fraglich, so komplex sind sie angelegt. Und doch finden wir in dieser Festung einen einzigartigen Raum vor, wie es ihn sonst nirgendwo gibt, schon gar nicht in der Gegenwartsliteratur.

Marianne Fritz hat ihr Lebenswerk also *Die Festung* genannt, und wer auf dieses Lebenswerk schaut, kann die Analogien nirgendwo übersehen. Von den Dimensionen dieser Festung werden wir schier erdrückt – *Die Schwerkraft der Verhältnisse* ist der erste Schritt hinein, eine Erzählung über eine Kindsmörderin namens Berta Schrei. Ihr Name und ihre Tat weisen auf das voraus, was uns die nächsten Fritz-Romane schon in den Titeln verheißen: Gewalt (*Das Kind der Gewalt und die Sterne der Romani*) und ohnmächtige Artikulation (*Dessen Sprache du nicht verstehst*). Teilschauplatz und Fokus aller Fritz-Werke bis hierhin ist die als „Festung“ bezeichnete Irrenanstalt von „Donaublau“ (einem ins Fiktionale überführten Wien) – aber im Fortgang der Bücher sind wir chronologisch in der Geschichte Österreichs zurückgewandert, bis wir ins Jahr 1914 kommen, an den

Ursprung der Katastrophen eines Katastrophenjahrhunderts.

Im Zentrum von *Die Schwerkraft der Verhältnisse* steht eine psychisch labile Frau, die ihre Kinder getötet hat, um die „mißlungene Schöpfung“ vor der Außenwelt zu retten. Diese Protagonistin trägt den sprechenden Namen Berta Schrei, der allerdings oberflächlich besehen irreführend ist, denn tatsächlich reduziert Berta ihre verbalen Äußerungen auf ein schwaches „Ja. Ja“. Nur in Andeutungen ist bei der Lektüre zu erfahren, wie sich Bertas sprechender Name in ihrem Innern realisiert: „Was Berta nicht mitteilte, pflegte mit ungeheuerer Intensität in ihrem Kopf weiterzuwuchern.“ Es ist dieses Wuchern Bertas, das in den nachfolgenden Werken der Marianne Fritz gleichsam nach außen gestülpt wird.

Das nächste Buch, der Roman *Das Kind der Gewalt und die Sterne der Romani*, schildert die Versehrungen, die ein einzelner Gewaltakt im Alltag aller Bewohner eines Dorfes hinterläßt: der Großbauer Zweifel vergewaltigt die „Romani-Mutter“. Weite Teile des Romans geben die Träume der Protagonisten wieder, die sich daran machen, „die Geschichten der Toten vom Schindanger auszugraben“. Dieses Ausgraben verborgener und verdrängter und unterdrückter Schichten spiegelt sich in der Sprache des Buches: die grammatisch ‚falsche‘, formal uneinheitliche Sprechweise der direkten Rede greift zunehmend auch auf die Erzählrede über, die der Perspektive und dem Wissenshorizont der Figuren unterworfen wird.

Dessen Sprache du nicht verstehst setzt konsequent und weit ausholend vor allem die sprachlichen Techniken um, die sich Marianne Fritz mit *Das Kind der Gewalt* erschrieben hat. In *Dessen Sprache du nicht verstehst* ist Sprache als Gegenentwurf zum ‚korrekten‘ Diskurs öffentlicher Welterfassung angelegt: die Autorin befaßt sich, wie sie in Briefen darlegt, die im Einführungsband *„Was soll man da machen"* zitiert werden, „mit dem, was gewisse Formulare, Dokumente, karteimäßig erfaßte Lebensläufe ausgrenzen, ausblenden, weglassen". Die 3000 Seiten des Romans erzählen „Untergrund, Geschichte, die niemand interessierte", und dafür erforderlich ist ein unkonventioneller, regelloser, zur gezielten Inkonsequenz neigender Duktus: Marianne Fritz läßt Pronomina und Hilfsverben ausfallen und verändert die Wortstellung; Kommata und Semikola sprengen den sonst allzu glatten Fluß der Sätze. Auf diese Weise arbeitet die Autorin daran, Sprachen zu finden für diejenigen, die keine Sprache haben; gleichzeitig schafft sie geschmeidige Übergänge zwischen Sprache und eigentlich nichtverbalen Sprechweisen. Körpersprachen, metaphorische Sprachen, die Sprachen des Windes, der Liebe und der Gewalt werden sprechbar, weil Sprechen in *Dessen Sprache du nicht verstehst* kein diskursiver Akt mehr ist, sondern sich gleichnishaft vollzieht – über Analogien und Klänge und den Gestus der Narration. Außerdem greift Marianne Fritz im Rahmen dieses Konzepts zu sprechenden Namen. Der Protagonist der Rahmenhandlung ist Johannes Null aus dem Nullweg der Marktgemeinde Nirgendwo; er ist desertiert und verbirgt sich bei Pfarrer Pepi Fröschl, der ihn liebt, am Ende jedoch verrät. In diesen Rahmen sind die Vorgeschichten aller Beteiligten eingebettet; sie fächern sich zu so etwas wie einem Gegenmythos der Donaumonarchie auf. Marianne Fritz verbindet eine Rekonstruktion verlorener Zeiten im Sinne Marcel Prousts mit dem „Möglichkeitssinn" Robert Musils.

Das noch umfänglichere nächste Teilprojekt von Marianne Fritz tut den Schritt ins Zentrum der Gewalt. Während sich bis einschließlich *Dessen Sprache du nicht verstehst* hinter dem Textfokus der „Festung" die Irrenanstalt von „Donaublau“ verbirgt, ändert sich nun der Charakter des titelgebenden Bauwerks – als Bauplan des Riesenwerks *Naturgemäß* dient die Topographie der ehemals österreichischen Festung Przemysl; erzählt werden simultan alle archäologischen Schichten der über die Jahrhunderte vielfach umgebauten, zerstörten und neuerrichteten Festung. Marianne Fritz bedient sich dazu der unterschiedlichsten Textsorten: sie zitiert Heeresberichte und Dienstanweisungen, erfindet Märchen und Mythen, erzählt die Familiengeschichten jener Dörfer, die aus militärischen Gründen vom Erdboden getilgt wurden. Die Festung ist „Versteinerte Seelenlandschaft“, und in dieser Landschaft montiert die Autorin ihre diversen Erzählstränge nach komplizierten, für die Leser schwer nachvollziehbaren Baugesetzen durcheinander. Ziel des Verfahrens ist eine erzählerische Simultanität, die eine Neuvernetzung aller Bausteine ermöglicht. Dazu werden die Buchseiten in mehrere Stränge geteilt, Einzelwörter und längere Satzeinheiten durch Bruchstriche zerlegt, unterschiedliche Schrifttypen benutzt; graphische Elemente, eingefügte Strukturschemata, in den Text gezeichnete Wirbel und Treppen zertrümmern den Textfluß und organisieren gleichzeitig neue Zusammenhänge.

„Im Grunde“, so beschrieb Marianne Fritz das Verfahren anläßlich des Erscheinens von *Naturgemäß I*, „wird das Kollektivgeschehen namens Krieg vollkommen in die Sprache hinein verrückt, auf eine Weise, daß der Lesende seine Unschuld wieder bekommen kann, er ‚erfährt‘ den literarisch aufgehobenen Krieg als das ganz andere“. *Naturgemäß* ist der literarische Versuch, den Unterwerfungsprozeß, der die Individualgeschichte unter der Dampfwalze namens Krieg verschwinden läßt, in Sprache abzubilden – aber gleichzeitig diese verschüttete Individualgeschichte zumindest bruchstückhaft immer wieder einzubinden in die Walze. Dazu steigen wir tief in alle Untergründe des Daseins hinab.

Eine riesige Fülle von Geschichten, deren Textformen von Spitzelberichten bis zu Liedern und Legenden reichen, sind verwoben in die „Gedächtnislandschaft", das „Gedächtnisgelände" (jede Großseite ihres Buches nennt die Autorin ein „Textgelände"). In *Naturgemäß I* geschieht dies mit Hilfe eines an Gesteinsschichten und Plattentektonik orientierten Gefügeprinzips, das die verschiedenen historischen Erlebnisebenen übereinander schichtet (und durch vertikale Stollen oder Treppen immer wieder verbindet); in *Naturgemäß II* treten zunehmend Gewässer hinzu, auf deren Grund man hinabsinken oder -tauchen kann: „Alles ist im Fluß", und es herrscht „die Triebkraft Wasser".

Leider sind von den geplanten drei Teilen von *Naturgemäß* nur die ersten beiden publiziert; der abschließende dritte Teil galt Ende der 90er Jahre bereits als abgeschlossen, ist aber von Marianne Fritz offenbar weiter revidiert worden, wobei ungewiß scheint, in welchem Zustand er sich befindet. Mit dem Tod der Autorin ist *Naturgemäß* und damit das komplette Festungsprojekt Fragment geworden; zu hoffen bleibt, daß die Schlußlieferung (und sei es in fragmentarischer Form) bald der gar nicht so kleinen Schar von Fritz-Lesern zugänglich gemacht wird.

Und der Tod veranlaßt uns, nach dem Leben der Marianne Fritz zu fragen, auch wenn unübersehbar ist, daß die Arbeit an einem Werk wie dem ihren für Leben wenig Raum läßt. Als der Erstling *Die Schwerkraft der Verhältnisse* und der Anthologiebeitrag „Eine befremdliche Entdeckung" erschienen, war die Autorin knapp dreißig Jahre alt; ihr biographischer Eintrag im Anhang der Fischer-Jubiläumsanthologie ist der knappste des Bandes: „Marianne Fritz wurde am 14. 12. 1948 in Weiz

/ Steiermark geboren. Nach Abschluß einer Bürolehre entschloß sie sich für den zweiten Bildungsweg.“ Mehr gab sie damals und gab sie öffentlich auch später nicht preis; die einzige zusätzliche Information, die Verbreitung gefunden hat, ist die, daß Marianne Fritz in den 70er Jahren mit Wolfgang Fritz verheiratet war, der ebenfalls schrieb und später eigene Romane veröffentlicht hat. Alles weitere ist Gerücht und Spekulation. Ein Wiener Literaturkritiker verwahrte in den 90er Jahren (und verwahrt vermutlich noch heute) in seinem Tresor Lebenszeugnisse zu Marianne Fritz aus der Zeit, bevor sie öffentlich in Erscheinung getreten ist; im wesentlichen geht es darin um Krankengeschichten.

Öffentlich in Erscheinung getreten ist Marianne Fritz praktisch nur dadurch, daß sie in immer größer werdenden Abständen immer umfänglichere Bücher vorlegte. 1977 und 1979 hielt sie offenbar in Wien noch Lesungen, seither verweigerte sie sich allen Auftritten in der Öffentlichkeit, gab keine Interviews und ließ sich, wie es heißt, auch nicht fotografieren. Dies als Arroganz oder gar als bewußtes Spiel mit Neugier und Erwartungshaltung des Literaturbetriebs zu deuten, wäre grundfalsch; es ging Marianne Fritz nicht um den Betrieb, nur um die Literatur, um ihr Schreiben.

Wie weit diese Konzentration aufs Schreiben bei Marianne Fritz ging, mögen zum Schluß einige im Grunde eher anekdotische Mitteilungen illustrieren, für die der Nachrufer von einem nüchternen Berichterstatterton in einen persönlich grundierten „Ich“-Bericht wechseln muß; man möge mir die Peinlichkeiten, die mit einem solchen Spurwechsel während der Fahrt unweigerlich verbunden sind, nicht allzu übel nehmen.

Im März 1994 fand in Wien ein Marianne-Fritz-Symposium statt, zu dem Kurt Neumann neun Kenner ihres Werks in die Alte Schmiede geladen hatte, um in vorstrukturierten, aber frei geführten Gesprächen eine kollektive Annäherung an die bis dahin erschienenen Texte zu versuchen. Der Literaturkritiker Heinz Schafroth, mit Marianne Fritz seit längerem persönlich bekannt, war bei dieser Gelegenheit so freundlich, mich auf einen Besuch zu ihr mitzunehmen, wobei die Freundlichkeit nicht nur mir, sondern auch Schafroth selbst zugute kommen sollte – er beichtete mir anschließend, er habe mich auch mitgenommen, weil er immer ein wenig Angst davor gehabt habe, Marianne Fritz allein gegenübertreten zu müssen. Wir läuteten an der Tür zu jener Altbauwohnung, in der das Festungsprojekt Gestalt annahm, wurden eingelassen, und buchstäblich das erste, was Marianne Fritz sagte, war der Satz: „Ich habe mir nun überlegt, daß ich es auf Seite Xtausend-YhundertZZ doch anders mache, nämlich folgendermaßen" – und es ging, natürlich, um *Naturgemäß*, ein Werk, von dem ich höchstens den Titel kannte und Freund Schafroth nur das wußte, was ihm die Autorin womöglich bei früheren Gelegenheiten erzählt hatte. Marianne Fritz aber lebte sichtlich in diesem Projekt, und zwar so sehr, daß daneben für den Rest des Lebens kaum Raum blieb. Smalltalk war unmöglich. Wie ich den Rest des Besuchs in der Schlottenfeldgasse überstanden habe, weiß ich nicht mehr, meine aber, daß mir außer Zuhören und einem oberflächlichen Bestaunen der mir gezeigten Strukturschemata nichts zu tun blieb.

Im Frühjahr drauf fand der zweite Teil des Neuen Wiener Symposiums über Marianne Fritz statt, bestehend aus einer Lesung (durch den Schauspieler Rudolf Wessely, natürlich nicht durch die Autorin) sowie einer Buchpräsentation mit Kurzvorträgen. Vor der Buchpräsentation waren einige wenige Teilnehmer erneut bei Marianne Fritz zu Besuch, und sie ließ sich bewegen, gegen alle Erwartung doch zur Veranstaltung mitzukommen, natürlich unter der strikten Ankündigung, nichts beitragen und nichts sagen zu wollen; wenn mich meine Erinnerung nicht vollkommen trügt, sagte sie dann aber doch in dieser und sei es intimen Öffentlichkeit einige Sätze. Im Anschluß an die Veranstaltung, als wir zu Fuß anderswohin unterwegs waren, ließ ich mich zur Überbrückung einer Gesprächspause und zur Überspielung meiner Befangenheit zu der zugegebenermaßen recht dummen Bemerkung hinreißen, diese Veranstaltung sei doch ein schöner Erfolg gewesen – wie vom Schlag getroffen blieb Marianne Fritz stehen, schaute mich entgeistert an und machte ihrem Entsetzen darüber Luft, daß ich das Wort „Erfolg" in den Mund hatte nehmen können. Erfolg war eine Kategorie, die Marianne Fritz völlig fremd war; jedes Streben nach Erfolg, so wurde mir klar, bedeutete für sie Verrat an der Sache, um die es ging: am Schreiben.

Im Herbst 1996 erschien *Naturgemäß I* in fünf Bänden; ich rezensierte das Teilwerk und baute die Rezension zu einem längeren Essay (gedruckt schließlich im *Schreibheft* 49) sowie zu einem Vortrag aus, den ich Anfang 1997 im Literaturhaus Berlin und wiederum in der Alten Schmiede Wien vortrug. Im Umfeld des Vortrags in Wien kam es zu mindestens einem Telefonat und einem weiteren Treffen mit Marianne Fritz; erinnerlich sind mir daraus zwei Details. Die Autorin hatte meine Rezension gelesen, bezog sich auf die eine oder andere Formulierung daraus; am wichtigsten war ihr freilich, zu erfahren, ob *Naturgemäß* für die Leserschaft denn wirklich so viel schwerer zugänglich sei als *Dessen Sprache du nicht verstehst* (ich kam nicht umhin, diese Frage ohne Umschweife zu bejahen). Und sie verriet mir ihren Wunschpublikationsrhythmus: *Naturgemäß II* solle Ende 1997 erscheinen und *Naturgemäß III* Ende 1998, so daß dann, zu ihrem fünfzigsten Geburtstag, das Werk abgeschlossen vorliege.

Dieser Publikationsrhythmus hat sich leider nicht einhalten lassen; im Herbst 1998 kam erst die zweite Lieferung heraus, die dritte fehlt bis heute. In einem Brief von Ende Mai 1998 nennt Marianne Fritz schon einen neuen Wunschtermin, „unbedingt" wolle sie *Naturgemäß III* „im Herbstprogramm des Jahres 2000 (Suhrkamp) sehn, was nur realistisch ist, wenn ich den Kopf frei habe für das Werk." Diese Formulierung läßt Schwierigkeiten anklingen, mit denen Marianne Fritz stets zu kämpfen hatte und die angesichts der besonderen Gestalt ihres Werks nur zu folgerichtig waren: ihr fehlte das Geld zum Leben und damit auch zum Weiterschreiben. Siegfried Unseld hatte sie Mitte der 80er Jahre gegen den Widerstand seines Lektorats in den Suhrkamp-Verlag geholt, sich für die Publikation von *Dessen Sprache du nicht verstehst* als Verpackungskünstler verhöhnen lassen, der noch mit unverkäuflichstem Zeugs Geld zu machen verstehe (tatsächlich trug ihm Marianne Fritz nur Verluste ein), und die Autorin dennoch mit regelmäßigen Vorschüssen weiter gefördert, diese Vorschüsse in den 90er Jahren jedoch heruntergefahren. Marianne Fritz hatte dafür sogar Verständnis; in einem unserer Gespräche sagte sie, Unseld sei „wie ein Panzer", und meinte das nicht negativ, sondern suchte so seine Qualitäten als nicht von seinem Weg abzubringender Verlagsunternehmer zu beschreiben.

Aber Ende der 90er Jahre stand Marianne Fritz praktisch ohne Einkommen da, rechnete mir vor, was sie als „ökonomische Frontbegradigung" brauchte („20.000 Schilling monatlich, um sämtlichen ökonomischen Verpflichtungen sagen zu können, ich darf euch vergessen"), und fragte mich (in der freilich irrigen Annahme, ich verfügte womöglich über Einfluß) nach den Arbeitsstipendien der Bargfelder Arno-Schmidt-Stiftung: „Hängt diese Stiftung nicht mit dem zusammen, der das

Geld hatte, seine Wertschätzung für Schmidt adäquat zum Ausdruck zu bringen? Daß jemand das Schmidtwerk kennt, bedeutet noch lange nicht, daß jemand das Fritzwerk kennt. Natürlich weiß ich, daß ein solches Stipendium mir zusteht, wenn mir nicht, wem dann? Allerdings ist etwas zu berücksichtigen; kann sich einer in dieser Stiftung zu dieser Einsicht durchringen? Ich weiß es nicht. Es müßte ein Fritzwerkleser sein."

In Bargfeld gab es naturgemäß keinen „Fritzwerkleser", die Hoffnung der Marianne Fritz auf ein Stipendium ließ sich nicht erfüllen, aber die Begründung ihrer Hoffnung bietet immerhin Anlaß zum Nachdenken: „wenn mir nicht, wem dann?" Es wäre vermessen, zu meinen, es gäbe jemals nur eine Person, die diese Frage stellen dürfte (mit genau dem gleichen Anliegen wandte sich wenige Jahre später Wolfgang Rohner-Radegast an mich, auch er vergebens – und auch er starb, bevor sein Großwerk komplett publiziert werden konnte). Marianne Fritz wird es vorausgesehen haben; in ihrem Brief zeigt sie sich „Ein kleinwenig sehr bedrückt, ohne Umschweif, würde Kosmas sagen, mehr als nachdenklich, kann niemand ewig im düsteren Brüten leiben, die Lösung findend – weiß einer, wie?"

Wie Marianne Fritz die Jahre danach überstanden hat, weiß ich nicht, aber es kamen Lichtblicke. 1999 erhielt sie den Peter-Rosegger-Preis (die Preissumme dürfte, auf den genannten Monatsbedarf umgerechnet, weit mehr als ein Jahr „ökonomische Frontbegradigung" gebracht haben), 2001 den Franz-Kafka-Preis; neue Formen ideeller Förderung erfuhr das Fritzsche Werk durch das „Stadt Theater Wien" und sein Projekt „Fritzpunkt". *Naturgemäß III* erschien dennoch nicht, und auch sonst nichts. Im Sommer 2006 rief Marianne Fritz mich ein letztes Mal an (ich hatte ihr den Band *Durch dick und dünn* mit meinen gesammelten Essays über ihr Werk geschickt), und ihre Nachrichten waren schlecht. Sie sagte, sie sei todkrank, leide an einer Blutkrankheit und suche verzweifelt und mit viel Aufwand nach Wegen zum Überleben. Der Kampf gegen die Krankheit fraß nicht nur ihre Energien, sondern auch viel von ihrer Zeit, *Naturgemäß III* war noch immer oder wieder in Arbeit, und die einzige Frage, die blieb, schien die zu sein, ob die Autorin bei der Arbeit an ihrem Buch vielleicht doch noch schneller sein könne als der Tod.

Seit dem 1. Oktober 2007 wissen wir, daß der Tod schneller war. Niemand ewig im düsteren Brüten? Mehr als nur „Ein kleinwenig sehr bedrückt“ verneige ich mich, um Abschied zu nehmen. Wenn nicht vor Marianne Fritz, vor wem dann?

Anmerkungen zur „Flügelfrage“
Kein Lektürebericht zu *Naturgemäß III*, sondern der Versuch einer Anknüpfung

Am Ende meines Lektürebericht zu *Naturgemäß II*, erschienen im Mai 2000 unter dem Titel „Das innere Flußsystem“ im *Schreibheft* Nr. 54 (und nachgedruckt im vorliegenden Band), hatte ich gemutmaßt: „Nach der steinern-starren Welt in *Naturgemäß I* und der dynamisierten Wasserwelt in *Naturgemäß II* müßte man fast vermuten, daß es in *Naturgemäß III* dann zum flammenden Inferno kommen wird – oder ist auch das wieder zu schablonisch, zu ordnungsliebend gedacht?“ Bei der viele Jahre später erfolgten und deshalb mit lückenhafter Detailerinnerung an die vorherigen Lieferungen kämpfenden Lektüre des Fragments *Naturgemäß III* schien zunächst ein Widerruf meiner Vermutung angebracht. Vom erwarteten flammenden Inferno konnte ich lange Zeit nichts entdecken, zog es deshalb vor, als Arbeitsthese eine neue schablonische Vermutung zur Anlage der drei *Naturgemäß*-Teile zu formulieren, derzufolge auf die untergründige Schichtungswelt von *Naturgemäß I* und die erdoberflächliche Wasserwelt von *Naturgemäß II* das Schlußprojekt *Naturgemäß III* abhebe in die Oberwelt, die Luft. Als Motto könnten folgende Zeilen aus dem von Marianne Fritz nicht mehr abgeschlossenen Fragment dienen:

> Dein Kuckuck ruft aus dem Nebel,
> er ruft, was heißt, er ruft. Er
> schreit, er brüllt. Hinter dem
> Nebel tobt die Hölle Front.

Der Kuckuck ist eines von etlichen Fluggeschöpfen in *Naturgemäß III*; ihm an die Seite treten „Glühwürmchen“, es ist die Rede von einer „Geschichte mit der Eule“, „Storchflüge“ sind „untrennbar mit der Flügelfrage verbunden“. Die Antwort auf die Frage „Was fliegt aus dem Nest?“ lautet: „Vögelchen sind es, Rohrsänger (nachwuchs).“ Fliegen können aber nicht nur ausgewiesene Fluggeschöpfe; ein „Reiter fliegt im hohen Bogen und landet im Dung.“ Nicht nur „die Höhenflüge“ gibt es, sondern manch ein Akteur erlebt einen „Sturzflug im steilen Aufstieg“. „IN DEN SCHWARZEN WOLKEN“ der Lüfte hängt nicht nur der im Kuckuckskontext schon erwähnte „Nebel“, sondern auch manch härterer Niederschlag, gegen den sich mit einem „Klopfschirm“ wappnen läßt; es herrscht eine „Wolkenverdichtungsneigung mit folgenden Blitzen“. Über dem Gewölk schweben die Himmelskörper: „Wie leuchtet die Sonne so golden / wie leuchtet der Mond“; bisweilen ist man gar „hinterm Mond“. In den Lüften gehen Winde, metaphorisiert im Namen „Rosewind“; an einer Textstelle werden die Windstärken definiert, bis hin zum „Orkan, wirft Schornsteine und gesunde Bäume um“.

Im Element der Luft herrscht also Bewegung, neben dem „naturgemäß zuverlässigen Flug“ der Störche, der mithin den Titel von Marianne Fritz *Naturgemäß*-Großprojekt reflektiert, existiert manch andere „Flüchtigkeit“, dies ein Begriff, in dem Flug, Flucht und das Wesen gasförmiger Stoffe zusammenfallen. „Nach allen Windrichtungen gleichzeitig“ gibt es Fluchtbewegungen, was auf ein explosive Kraft hindeutet; prototypisch aufzufassende Figuren oder Instanzen bewegen sich gar mit „Lichtgeschwindigkeit“ und „Luftlinienverstand“. Nicht immer ist dergleichen gewollt; die Rede ist auch vom „einst marschierenden, dann fliegenden Bewegungsverlauf unfreiwilliger Natur“. Spätestens hier sind wir beim

Kriegsgeschehen angelangt, das Marianne Fritz mit vordringlichem Blick auf die Jahre ab 1914 einerseits rekonstruiert, andererseits metaphorisiert. Wir lesen, „daß Unterstellungen für Feinde so leicht waren wie Federwolken." Menschen schwingen sich also in die Lüfte auf, erheben sich vom Erdboden, auch um in ein „Stockwerk zwischen den 32 Stockwerken" zu gelangen. Als möglicherweise ideale Tötungs-, vielleicht aber auch Fluchtmethode wird die „schiere Verdampfung" erwogen, also die Verwandlung ins Gasförmige. Dies ist etwas anderes als „die Nebelfelder Friedenspfeife", vielleicht eher das Gegenteil, Rauch kann sehr differente Ursachen haben, nicht nur Vernichtung, sondern auch Friedenserhalt signalisieren.

Wer sich aufschwingt, braucht Flügel, oder „Schwingen", was in der Welt dieser Prosa allerdings der Name eines Dorfes ist. Eine Frage, die im Verlauf der Lektüre immer abgründiger wird, lautet: „Was sind Flügel, denen der Leib fehlt?" Leiber fallen dem Gemetzel zum Opfer, dem „flammenden Schwert", im Zentrum aller Vorhaben der Kriegsereignisse steht die „Sprengung der / Festung |s| werke", was auf dem schmalen Grat zwischen Realität und Metaphorik doch auf eines hinausläuft: das, was vorher fester Grund war, wird in die Luft gejagt. Um dies zu erreichen, muß zuvor in den Untergrund eingedrungen werden, „das Bohren für die Sprengung". Somit sind an Sprengungen die Schichten aller drei *Naturgemäß*-Räume beteiligt: Untergrund, Erdboden und luftige Oberwelt. Die Sprengkraft verlegt die Hölle in den Himmel, mithin ist „das Kopfstandverfahren die Methode". Und die Methode heißt: Explosion!

In *Naturgemäß III* inszeniert Marianne Fritz nicht nur metaphorisch eine gewaltige Explosion, indem sie alle Grund- und Bodenschichten nun in die Luft fliegen läßt, sondern sie bildet diese Explosion auch im Text ab. Die

Textseiten explodieren. Schon in *Naturgemäß II* gab es Seiten, auf denen Textfragmente wild durcheinander montiert, dabei gekippt, auf den Kopf gestellt und zersplittert wurden; dieses explosive Verfahren intensiviert Marianne Fritz auf den späteren Seiten des Fragments *Naturgemäß III* und hätte es vermutlich noch weiter intensiviert, wäre es ihr möglich gewesen, das Werk abzuschließen. In den explosiven Wirbel splitterweise hineinmontiert werden auch Teile einzelner Textseiten aus den vorherigen *Naturgemäß*-Lieferungen sowie aus den früheren Großromanen *Dessen Sprache du nicht verstehst* und *Das Kind der Gewalt und die Sterne der Romani*.

Gewalt und Krieg, das Thema des Lebenswerks von Marianne Fritz, werden komplett in Sprache überführt, und das heißt auch: in Klang – freilich einen Klang, der stumm bleibt, weil die Textseiten das Gegenteil eines Hörbuchs ergeben. Den Sound zu alldem müssen wir uns ausmalen, sofern wir es können. Es ist allerdings mehr als der oben zitierte nichtnaturalistische brüllende Höllenschrei des Kuckucksvogels, und es ist auch mehr als ein im Text versteckter „Spottdrosselton". Vielmehr ist es eine Steigerung von „Knallerbses Fluch" ins Unendliche, der Höllenlärm einer Riesendetonation. Die Luft dient nicht nur den Schwingen von Fluggeschöpfen als tragendes Element, sie überträgt auch Tonschwingungen – Geräusche. Ein (immer wieder abbrechender und neu aufgenommener) Textstrang in *Naturgemäß III* beschäftigt sich mit dem „Hörorgan", mit „Hörnerven"; penibel beschrieben werden die Gehörgänge und die kleinen Härchen im Ohr. Das Ohr ist nicht nur als kleine organische Festung gegen das Draußen bei gleichzeitiger Empfänglichkeit für dessen Botschaften konstruiert, es dient in dem entsprechenden Textstrang von *Naturgemäß III* auch als Modell und Vorlage einer zu konstruierenden nichtmetaphorischen Festung, eines Kriegsbaus.

Der Lärm der großen Explosion hallt nach, hinein in eine einerseits ferne, andererseits dann doch in unmittelbare Nähe hineingeblendete Zukunft. Es gibt noch eine Möglichkeit, die drei Teile von *Naturgemäß* zu sortieren, nicht räumlich (Untergrund / Oberfläche / Luftraum), sondern zeitlich: Vergangenheit / Gegenwart / Zukunft. Aus der Gegenwart des Kriegsgeschehens zwischen 1914 und 1918, das Struktur und Thematik des gesamten Festungsprojekts von Marianne Fritz bestimmt, stoßen explosive Zeitstrahlen auf den letzten Seiten des Fragments *Naturgemäß III* vor in eine andere mörderische Zeit, nämlich ins Jahr 1944. In den Text eingeklebt finden sich Zeitungsausschnitte aus diesem Jahr, die Titelei „Aus dem Leitartikel von Reichsminister Dr. Goebbels in ‚Das Reich' vom 20. Juli 1944: ‚Die Überholung des Vorsprungs'". Und Dokumente über „V 1", „die erste deutsche Vergeltungswaffe". Die Luftmetaphorik hat uns in den Luftkrieg und das Raketenzeitalter gehoben, der Himmel wird zur mörderischen Sphäre der Vernichtung.

An dieser Stelle läßt sich noch einmal die schon angeführte Frage aus dem Text zitieren: „Was sind Flügel, denen der Leib fehlt?" Im Licht der letzten Seiten des Fragments *Naturgemäß III* sind darauf mehrere Antworten denkbar. Die mörderische Rakete ist ein Flugobjekt ohne organischen Leib, eine Art tote, gleichzeitig todbringende Schwinge. Das ist die eine mögliche Antwort, mit ihr spielt schon Thomas Pynchon in seinem Roman *Die Enden der Parabel*. Eine andere, kaum weniger parabolische Antwort hält sich an vier Zeilen eines Gedichts von Gerhard (Gershom) Scholem, die Marianne Fritz in eine der letzten Seiten des Fragments *Naturgemäß III* einmontiert hat:

Mein Flügel ist zum Schwung bereit
ich kehrte gern zurück
denn blieb ich auch lebendige Zeit
ich hätte wenig Glück

Die Zeilen stammen aus Scholems Gedicht „Gruß vom Angelus zum 15. Juli 1921“, geschrieben als Geburtstagsgeschenk für Walter Benjamin unter Bezugnahme auf das 1920 entstandene kleinformatige Aquarell *Angelus Novus* von Paul Klee, das Benjamin so begeistert hatte, daß er es sich kaufte und als seinen wertvollsten Besitz betrachtete; als Zeichen unverbrüchlicher Freundschaft hing das Bild in der Wohnung Gerhard Scholems, dem Benjamin es später vermachte. Dem Gedichtzitat zufolge gehören die Flügel ohne Leib also einem Engel. In einer Passage seiner kurz vor dem Freitod auf der Flucht vor den Nazis abgefaßten Schrift „Über den Begriff der Geschichte“, die Marianne Fritz neben Scholems Gedichtzeilen in Gestalt zweier gegeneinander gekippter Flügel ebenfalls in *Naturgemäß III* einmontiert hat, beschreibt Walter Benjamin diesen Engel als „Engel der Geschichte“ und schließt:

> Aber ein Sturm weht vom Paradiese her, der sich in seinen Flügeln verfangen hat und so stark ist, daß der Engel sie nicht mehr schließen kann. Dieser Sturm treibt ihn unaufhaltsam in die Zukunft, der er den Rücken kehrt, während der Trümmerhaufen von ihm zum Himmel wächst. Das, was wir den Fortschritt nennen, ist *dieser* Sturm.

Lesen wir in *Naturgemäß III* weiter, stoßen wir auf der nächsten Seite auf ein Hakenkreuz, der Sturm der Vernichtung ergreift Engel, Freundschaften, Benjamin und die ganze Welt.

Von Marianne Fritz nicht mitzitiert wird die Schlußstrophe von Scholems Gedicht; sie lautet:

Ich bin ein unsymbolisch Ding
bedeute was ich bin
Du drehst umsonst den Zauberring
Ich habe keinen Sinn

In der Welt von Gewalt und Krieg, die Marianne Fritz in ihrem *Naturgemäß*-Projekt nicht symbolisch, sondern durch konkrete De- und Rekonstruktion umsetzt, geht in der Tat der Sinn verloren, und das ist, wenn wir denn eine haben wollen, die Botschaft. Das Gemetzel ist sinnlos, es taugt weder symbolisch noch sonstwie irgendeinem sinnhaften Zweck. Die Rekonstruktion in Form von Literatur, wie Marianne Fritz sie betrieben hat, kann hingegen sehr wohl sinnhaft sein, indem sie uns nämlich wieder und wieder unverkürzt den Irrsinn des Krieges vorführt und das, was vom Krieg ausgelöscht wird, aufzuheben sucht. Am Ende inszeniert sich *Naturgemäß III* wohl doch als flammendes Inferno oder hätte es jedenfalls getan, wäre es der Autorin vergönnt gewesen, das Werk abzuschließen.

Die abscheuliche und völkerrechtswidrige Kriegstaktik der „verbrannten Erde“ wurde im Ersten Weltkrieg von österreichischen Truppen in genau jenem geographischen Raum, der das Vorbild für die Textgelände des *Naturgemäß*-Projekts ergibt, angewandt: auf dem Gebiet des historischen Königreichs Galizien, heute teils zu Polen, teils zur Ukraine gehörig. Es war nicht der erste und nicht der letzte kriegerische Gewaltexzeß, der in dieser Weltgegend zu Lasten der Zivilbevölkerung ging. Daß hier im 101. Jahr nach Gerhard Scholems „Gruß vom Angelus“ Raketen vom Himmel fallen und Menschen auf der Straße und in ihren Häusern morden würden, war für Marianne Fritz schwerlich abzusehen, doch das erschreckende Wissen darum, daß die Geschichte der Kriege nicht zu Ende ist und nie zu Ende sein wird, ist der Textur aller drei *Naturgemäß*-Teile und des Festungsprojekts insgesamt eingeschrieben.

Marianne Fritz, *Naturgemäß III. oder doch / Noli me tangere / „Rührmichnichtan!“*, unabgeschlossen und ungedruckt. Das 661 Seiten umfassende Textfragment ist seit dem 14. Dezember 2011 im Internet unter <www.mariannefritz.at> verfügbar, inzwischen auch unter <www.aufhebekunst.net>. – Ich danke Otto Dünser, daß er mir dieses Fragment schon zuvor in Form einer Komplettkopie zugänglich gemacht hat.

Nachweise

„Die Festung der Marianne Fritz“: Erstdruck u.d.T. „Die Unschuld des Lesenden“ im *Standard* vom 13. Dezember 2008.

„*Dessen Sprache du nicht verstehst*“: Keimzelle dieses ersten Lektüreberichts war eine Rezension u.d.T. „Prosa zum Aufschrei geballt“ aus der *Frankfurter Rundschau* vom 16. August 1986.

„Angst vor Marianne Fritz?“: der erste Teil wurde im März 1994 als Kurzbericht des „Neuen Wiener Symposiums über Marianne Fritz“ geschrieben; beim angehängten zweiten Teil handelt es sich um das im Verlauf des Symposiums eingereichte Thesenpapier.

„Die Radikalisierung des Musilschen Möglichkeitssinns“: geschrieben als Resultat des „Neuen Wiener Symposiums über Marianne Fritz“; eine erste Druckfassung erschien in Klaus Kastberger (Hg.), *Nullgeschichte, die trotzdem war. Neues Wiener Symposium über Marianne Fritz* (Wien: Sonderzahl 1995).

„*Naturgemäß I*“: Vorfassungen dieses zweiten Lektüreberichts im *Schreibheft* waren eine Rezension u.d.T. „Topographie einer Festung“ aus der *Frankfurter Rundschau* vom 10. Dezember 1996 sowie ein Vortrag, gehalten im Literaturhaus Berlin und in der Neuen Schmiede Wien.

„*Naturgemäß II*“: Grundlagen dieses dritten Lektüreberichts im *Schreibheft* waren zwei Rezensionen, gedruckt u.d.T. „Tiefenstaffelung der Front“ in der *Süddeutschen Zeitung* vom 16. Januar 1999 sowie u.d.T. „Alles im Fluß oder Hineingestrudelt ins Buchstabenmeer“ in der *Basler Zeitung* vom 26. Februar 1999.

„‚wenn mir nicht, wem dann?‘“: Erstveröffentlichung als Extratext zum *Schreibheft* 70 (April 2008) nur im Internet; für den Abdruck um einige Passagen ergänzt.

„Anmerkungen zur ‚Flügelfrage‘“: Erstdruck im *Schreibheft* 100 (Februar 2023) innerhalb eines von Dagmara Kraus und Sonja vom Brocke zusammengestellten Dossiers zu Marianne Fritz.